Mi Jauco y su Tinta

Yunior Oscar Guilarte

EDIQUID

MI JAUCO Y SU TINTA
© Yunior Oscar Guilarte

Editado por: Corporación Ígneo, S.A.C.
para su sello editorial Ediquid
José Olaya 169, Ofic. 504, Miraflores. Lima, Perú
Primera edición, abril, 2025

ISBN: 978-956-6404-30-9
Tiraje: 50 ejemplares

Se terminó de imprimir en abril de 2025 en:
ALEPH IMPRESIONES SRL
Jr. Risso Nro. 580 Lince, Lima

www.grupoigneo.com
Correo electrónico: contacto@grupoigneo.com | Teléfono: +51 955 071 270
Facebook: Grupo Ígneo | X: @editorialigneo | Instagram: @grupoigneo

Colección: Pensamiento

Contenido

Presentación

Soy nacido en La Tinta de Jauco, Cuba. Soy un tintero, un jauquero, y desde muy pequeño he sentido apego y pasión por la tierra que me vio llegar al mundo, por mi historia, mi cultura, mis raíces, mis orígenes y por mi pasado en general. Amo a mi pueblo desde la roca más pequeña hasta la montaña más alta, desde los ríos hasta los cañadones y arroyos, desde el trote de los caballos hasta el canto de los gallos y el ladrido de los perros, amo el despertar de mi barrio perfumado por el aroma del café.

Amo mi gente, amo todo lo que La Tinta de Jauco significa y representa, es por eso por lo que escribo este pequeño libro como homenaje a una tierra que merece todos los homenajes y deseo que llegue a todos ustedes con el mismo entusiasmo y pasión con el que lo escribo, partiendo de la información que desde hace más de siete años he venido recopilando y estudiando, para, finalmente, resumir en unas cuantas páginas todo lo que he aprendido y compartirlo con ustedes.

En este libro no mencionaré nombres ni fechas de sucesos o acontecimientos de los cuales no tenga absoluto conocimiento, esos datos responsabilizan y comprometen tanto al lector como a la obra y a quien la escribe. No es mi intención dar información errada o equívoca; mi interés radica en dejar plasmado mi sentir por La Tinta de Jauco, en dejar para las futuras generaciones un manojo de palabras que les permitan entender, al menos a grandes rasgos, de dónde vienen, y proveerles un referente de estudio y un tributo tangible que se impulsa de sensaciones, historias, tradiciones, sabores y sentimientos.

No seguiré una línea estricta a la hora de desarrollar mi trabajo, escribiré en lenguaje entendible para quien tenga este libro en sus manos, desde un colegial primario hasta un letrado, y usando, claro, nuestro propio lenguaje tintero, con sus dichos y refranes. Para mi pueblo y mi gente humilde escribo, y ellos deben entender. No abordaré género literario alguno porque no deseo apegarme a ninguno, un estilo muy personal y mío marcará este trabajo.

No deseo un Nobel de Literatura, no deseo reconocimiento, no deseo fama, solo deseo escribirle a La Tinta de Jauco, y para eso no necesito reglas o restricciones a la hora de expresarme, quiero que se me entienda claramente. Para escribir de mi pueblo solo necesito sentir la necesidad de mostrar al mundo todos los atributos y elementos que convierten a mi terruño y a mi gente en inigualables. Para escribirle a mi pueblo y a mi gente solo necesito sentir la añoranza y el amor que me invaden al pensarle.

Yunior Oscar Guilarte Rodríguez
17 de julio de 2021
Lima, Perú

Objetivos

Debo aclarar que este libro no se trata de una biografía de alguien de La Tinta de Jauco o de personas a quienes todos queremos y admiramos, sería imposible plasmar en un solo libro a cada habitante de este lugar, ya sea por su forma de ser, por las aventuras que haya tenido, por sus anécdotas, sus vivencias, sus ocurrencias o por cualquier motivo.

La Tinta de Jauco tiene personas que siempre será necesario mencionar, pero es responsabilidad de cada familia recordar y no dejar que desaparezcan las memorias de sus seres queridos; es responsabilidad de los padres enseñar a sus hijos cómo eran sus abuelos, sus bisabuelos o los antecesores, es responsabilidad de cada uno de nosotros que el pasado no se olvide, que lo enseñemos en el presente y que perdure en el futuro. Esa es nuestra responsabilidad, no la de este libro.

Este libro recoge las principales generalidades de qué es La Tinta de Jauco, sus costumbres, tradiciones, sus primeros habitantes, su surgimiento como pueblo, el transcurso de los siglos sobre esta región, datos que son significativamente importantes a la hora de hablar de nuestro pueblo, y «principalmente» mi sentimiento por esta tierra sagrada.

Mi trabajo no será para que se enteren de lo que le pasó a perencejo la vez que fue al cumpleaños de menganito, aunque sí tiene sus anécdotas, no será completamente de esa manera. Si fuera así, carecería de valor, ya que, al igual que muchas de esas historias, este libro sería olvidado también.

Siempre tendré que mencionar nombres de personas que tuvieron un papel significativo en el desarrollo social, cultural, religioso o económico para el barrio en general y otros aspectos no menos importantes.

Tuvimos y tenemos grandes hombres y mujeres en La Tinta de Jauco, pero, aunque quisiera, no puedo registrar aquí a cada persona importante para este barrio, sería imposible, amigos míos.

Este libro tiene como objeto hacer revivir la memoria de esos que el tiempo ha intentado apagar, recordar sus nombres, y a través de todo lo que escribo aquí en honor a ellos, volver a pensarlos.

Sé que existen muchas expectativas con este libro, pero deben estar claros de que no van a recibir un compendio de cuentos y anécdotas para distraerse un rato, lo que van a recibir es historia, cultura y tradición, el resto le corresponde a cada uno de ustedes.

Además, quiero que este libro identifique no solo a los jauqueros, sino a todos los maisienses y boracoesos o baracoences (como se quieran sentir identificados, yo, personalmente, siempre digo baracoesos, fue lo que aprendí de niño). Deseo que, a ellos, a su vez, este libro también les despierte el orgullo por sus orígenes, por su historia local y por sus antepasados, que a la larga o la corta también son los nuestros, porque aquí el que no tiene de allá arriba, pues lo tiene de aquí abajo.

Espero que sea este el primero de muchos libros que se escriban no solo de La Tinta de Jauco, sino de Sabana, de Punta de Maisí, de nuestro municipio en general, o de cualquiera de esos cientos de pueblos únicos en todo nuestro país. Cada lugar tiene su encanto y cada gente tiene su magia, y todos merecen tener sus propios libros, y para aquellos que no lo tengan aún, o no logren tenerlo, pues aquí les dedico este también.

Agradecimientos

A la hora de agradecer y hablar de agradecimientos, muchas personas y sucesos también me llegan a la cabeza, pero sin dudarlo, el primer lugar y a quien agradezco primero es a Dios, mi Padre Celestial, a quien debo la vida y todo lo que soy, quien me ha dado la habilidad de poder plasmar en estas letras todo lo que he acumulado en conocimiento, y aunque no me considero un erudito, sí le agradezco por la gracia con la que me bendijo para la palabra y la escritura. Por eso, este libro, en primer lugar, es para Él. Quien, además, me premió con la dicha de haber nacido en La Tinta de Jauco, otro lugar no podría ser.

En segundo lugar, a mi persona más importante, a lo que más he amado sobre la faz de la tierra, la persona que más ha marcado mi existencia, de quien más aprendí, en quien más confié, a quien más extraño: mi abuela Nena, Ana Celia Columbié.

Con ella pasé horas interminables conversando de ese famoso tiempo de antes, en el que se echaban las mercancías en cartuchos y el bacalao venía en caja de madera, y de mil historias más que sembraron en mí, no solo la curiosidad que me conlleva a escribir este libro, sino también la que me despertó el amor por el periodismo, el talento para la repostería y la adicción por las plantas y los animales.

A todos mis abuelos.

Nena y Rolando Rodríguez, Oscar Guilarte y Eve Ferrer. Siempre estuvieron pendientes no solo de mi educación, sino también de la de todos mis primos, y nos inculcaron la responsabilidad y el deseo de superarnos.

A mis bisabuelos, Don Cecilio Lobaina y Doña Luz María Alba. De ellos aprendí a saludar, a usar todos los cubiertos y cómo comportarse en la mesa. De ellos aprendí el porqué de andar con un pañuelo y el porqué de las cosas más sofisticadas de una desaparecida burguesía. Para mí no eran ni don ni doña, solo abuelo y abuela, unos abuelos que guardo en un lugar muy especial de mi corazón y mi niñez.

A mis padres.

A mi madre, Robinia Rodríguez, amada madre, a ti que siempre nos comprabas para mi hermana y para mí pequeños libros de cuentos infantiles, diminutos clásicos ilustrados que fueron trazando el camino que marcó en mí el amor por la literatura.

A mi padre, Oscarito, a ti que con tanta paciencia me explicaste cosas que no entendía y que jamás te faltó la calma frente a ninguna de mis locuras.

A mi hermana, Yuriset.

No puedo dejar de plasmar tu nombre, no quiero que caiga sobre mí esa eterna condena, mi Yuri, tú ibas abriendo el camino para mí; con tus libros simulaba que leía y, de acuerdo con las imágenes, inventaba unas historias que, para ti, eran algo impresionante porque todavía yo no sabía leer y te regocijabas con mis inventos.

¿Lo recuerdas?

A mis tíos y primos.

Todos ustedes, tíos, representan una copia exacta de mis padres, ustedes siempre han estado pendientes de todo referente a mí, me han reprendido si lo he merecido y me han alabado cuando me lo he ganado, que ha sido casi siempre. Mi tío Roli, de ti he aprendido tanto y aún continúo aprendiendo; eres un reflejo de principios y convicciones que casi están extintos en este mundo.

A mis primos, a todos, los eternos celosos que ven en mí al más guapo de la familia, y lo continúo siendo. Ustedes son mis hermanos, mis cómplices y mis verdaderos amigos.

A mis maestros.

Sin dudas no pueden faltar aquí mis maestros de la escuela primaria de La Tinta de Jauco, Fabio Rossell del Río.

A todos no los podría mencionar, pero sin dudas gracias a TODOS, a cada uno de ustedes, hoy esto es posible. Sientan el orgullo que solo ustedes, los educadores, pueden sentir cuando ven el éxito realizado en una persona, gracias a ustedes ese éxito existe.

Yo les dedico este libro también a ustedes.

No podría dejar de mencionar al templo bautista de La Tinta de Jauco y toda su congregación.

Allí nací, allí aprendí no solo de la Biblia y el amor a Dios, sino también el respeto y los valores que me ayudaron a ser una mejor persona.

Allí canté primero, allí actué primero, allí adquirí la habilidad de hablar frente a personas y a no tener pena, a no sentirme intimidado por la multitud, allí aprendí a amar y a respetar las diferencias. Gracias a todos los hermanos de la iglesia Bautista de La Tinta de Jauco, para ustedes también es este libro.

A mis compañeros de siempre en la emisora municipal Radio Maisí, La voz del Sol. A mis compañeros y amigos en la emisora municipal Radio Mambí, en Santiago de Cuba.

A mis vecinos de La Tinta, a todos, desde El Rincón arriba hasta Caña y más allá, a todas las personas que me regañaron en su momento cuando hice algo inapropiado, y a todos los que me felicitaron cuando en algún momento tuve éxito.

A los que se preocupaban cuando me enfermaba, a todos los que reían conmigo y lloraban conmigo, a todos los que me saludaban, los que siempre han estado, para ustedes, para La Tinta de Jauco es este libro. Sin ustedes, sin su vida, sin lo que hacen, sin su actuar diario y sin sus costumbres, este libro no existiría, ustedes son el alma y las memorias de cientos de años.

Ustedes son el alma de este libro.

No quiero que nadie se sienta dolido por no mencionar su nombre aquí, pero también la literatura y los libros tienen estructuras que ni siquiera el propio autor puede violar. Traté de resumir algo que no se puede resumir, dejé de mencionar a personas que no podía dejar de mencionar, dejé de citar acontecimientos que no podía pasar por alto, pero todos son parte de esto.

A todos va dedicado *Mi Jauco y su Tinta.*

Agradecimiento especial

Adrián Santos, a ti dedico esta parte especial en mis agradecimientos. Tú fuiste mi cómplice y el que vio nacer las primeras letras de este libro. Gracias por el apoyo, gracias por las computadoras, gracias por tu tiempo, gracias por confiar, gracias por darme fuerzas y hacerme escribir aun cuando yo no quería, por darme tus ideas cuando yo no lograba organizar las mías. Gracias por cada taza de té que, en las frías noches de Lima, en Perú, me llevaste hasta la computadora para que yo pudiera seguir escribiendo, gracias por estar siempre ahí.

Tú también eres parte de La Tinta de Jauco y yo, en nombre de todo el pueblo y en nombre de este libro, te doy mi agradecimiento especial.

A nuestros viejos

Quiero confesar que esta ha constituido una de las partes más difíciles de escribir para mí, por muchas razones, pero voy a mencionar dos fundamentalmente. Primero, porque a la hora de pensar cada idea, de elaborar cada frase, la imagen que llega a mi mente es la de mis abuelos.

Segundo, porque me estoy dirigiendo a personas muy valiosas, a mujeres y hombres que cuentan en cada una de sus arrugas con una historia. Mujeres y hombres que llevan en su cabeza la corona gris que Dios y la vida les han concedido para trascender en el tiempo, y ver cómo evolucionan las cosas.

Esas canas, a las que muchos temen, son sin dudas muestra de respeto y de admiración, son la muestra palpable de que estamos frente a personas que pertenecen a otro nivel. A todos ustedes, abuelos y abuelas, padres y madres, tíos y vecinos, a todos los ancianos que puedan escuchar estas palabras, de la voz de un nieto que les esté leyendo, o, de cualquier forma, dedico esta parte de mi libro.

Ustedes son el origen de lo que hoy somos, a ustedes debemos mucho de lo que hoy tenemos. La vida ha labrado mucho sobre ustedes para que hoy disfrutemos del fruto. Allí sentados, con ese andar paulatino y cansado, con esa voz casi apagada, y con esa mirada profunda, causan en mí una gran admiración y un gran respeto.

Ustedes son testigos de su tiempo y del nuestro, y son para muchos paradigmas y ejemplos de cómo ser mejor persona. Gracias a ustedes conocemos hoy muchas de nuestras tradiciones y gracias a ustedes podemos contar historias de hace cientos de años. Quiero dedicarles esto porque, gracias a esa generación a la que hoy llaman viejos, he podido escribir el 90 % de este libro, gracias a cada conversación, a cada historia, gracias a cada recuerdo.

Sería una falta de respeto absoluta no dedicar un espacio especial para nuestros ancianos, para nuestros viejos y viejas, sería un atrevimiento escribir del pasado sin consultar a los testigos de ese acontecimiento. Con mucho cariño escribo cada una de estas palabras, cariño impulsado por la admiración.

Pido a Dios que su paso por esta tierra sea inolvidable y que cada uno de sus descendientes tenga el valor y la capacidad de mantener vivos sus recuerdos. También pido a Dios que me conceda la dicha de llegar a esos años donde el conocimiento es tanto que obliga a callar muchas veces, algo que los jóvenes todavía no comprendemos, y si no he de llegar, que por lo menos haya sabido honrar a los que sí.

A todos los ancianos de Maisí y de Cuba, mi admiración y respeto, en especial a los míos, los de La Tinta de Jauco.

A nuestros niños, esperanza de todo
Recuerdo que cuando tenía su edad escuchaba mencionar que los niños son la esperanza del mundo, una verdad de peso esencial para la continuidad y existencia de todo lo que hoy conocemos.

Para ese entonces no entendía el profundo significado de aquellas proféticas palabras.

Hoy, aquí estoy, con 30 años todavía, y ya dedicando esa misma frase a ustedes, la esperanza del mundo.

Entre ustedes estarán los próximos escritores, los próximos médicos, los próximos maestros, los próximos periodistas, campesinos, costureras, carpinteros, albañiles, electricistas, choferes y amas de casa.

Ustedes son los próximos jauqueros y tinteros que tendrán como responsabilidad vivir y mantener vivo el espíritu de nuestra tierra, sobre ustedes pesa la responsabilidad de que ese gran monstruo que es el tiempo, que devora ciudades, imperios y nombres, no consuma también la historia y las tradiciones de nuestro pequeño pueblito, La Tinta de Jauco.

Sé porque niño fui, que se tienen aspiraciones y metas en esas hermosas edades, yo mismo tuve las mías, y como consecuencia, he escrito este libro a miles de kilómetros de mi pequeña casa y de mi familia, pero jamás he olvidado de dónde vengo, ni lo que soy realmente. No he olvidado que la sangre tintera corre por mis venas, y no he olvidado tampoco que la infancia más feliz del mundo fue la mía, jugando y corriendo por donde mismo ustedes corren y juegan hoy, y estoy seguro además de que su infancia es muy feliz aquí, aun cuando no lo comprendan.

Ustedes son niños y niñas dichosos de vivir en un lugar como este, rodeado de riquezas. Comprendan cuán afortunados y bendecidos son, que tienen unos ríos maravillosos y limpios en un mundo en el que se pelea y se mata por agua, que tienen árboles que dan frutas que pueden alcanzar con tan solo extender las manos. Tal vez no sean manzanas o fresas, pero son sus frutas, las suyas. Les puedo asegurar que los que tienen manzanas y fresas desean los mangos, y que el día que ustedes no tengan esos mangos, los van a valorar mucho más.

Tienen libertad y aire puro, algo que les será imposible encontrar en las grandes ciudades, rodeadas de la contaminación, tanto de maquinarias como del mismo hombre. Tienen un pueblo sano, sin enfermedades ni pandemias que devoran a la humanidad, y esas mismas montañas de las que muchas veces renegamos son pulmones verdes, responsables de salvaguardar nuestra salud y toda la pureza que aquí respiramos.

Aquí hay muchas cosas hermosas, historias fantásticas y anécdotas tan o más entretenidas que esas que ves en la televisión o el celular, pero con la diferencia de que podrán experimentarlas en la vida real. El día que tengan tiempo, conversen con los ancianos; ellos son seres mágicos que tienen el poder de la sabiduría y guardan los secretos de sembrar en nosotros cosas impresionantes, como el respeto, uno de los pilares fundamentales para vivir en una sociedad feliz.

Aprendan sobre el respeto y practíquenlo día a día. Respeten a todos aquellos a quienes tengan enfrente, aun aquellos que no lo merezcan, y hagan saber que ustedes merecen respeto también.

Respeten la naturaleza y a los animales, siembren un árbol, no pierdan la oportunidad de tener una mascota, ya sea un perro sato o un gato flaco, pero experimenten qué se siente compartir el amor por algo más que nosotros mismos.

Ahora ustedes tienen en sus manos un arma muy importante que sirve para combatir el odio, la miseria humana y la tristeza: esa arma es la inocencia, una que cada ser humano debería conservar al menos en una pequeña cantidad. Muchos grandes entenderán a qué me refiero.

Pero ustedes, que hoy la tienen, explótenla al cien por ciento, disfrútenla al mil por ciento, no se preocupen por las cosas que no deben preocuparse, ni luchen por las cosas que no deben luchar. Hoy su principal tarea es estudiar y ser niños, niños felices, niños que se alejen de los problemas que afectan a los adultos.

Usen su inocencia para que se conviertan en hombres y mujeres de almas sanas y puras, úsenla como un filtro que evite que sentimientos negativos lleguen a ustedes.

Quiero invitarlos a que corran, a que griten y brinquen, a que vayan y jueguen bajo la lluvia, que se enfanguen, a que disfruten de su infancia. Luego que se nos va, créanme, se extraña, y duele en el alma todo lo que hemos dejado atrás.

Tal vez muchos padres no estén muy de acuerdo con esto que les mando hacer, pero ellos mismos saben que lo hicieron y que fueron muy felices en ese momento, y que no tienen el derecho de privarlos a ustedes de sentir lo mismo.

Ilusiónense y disfruten su ilusión, pero algo más importante, sueñen, nunca dejen de soñar, no importa cuán alto o exagerado sea ese sueño, luchen por él, no importa cuán fantástico pueda ser, que no existan barreras para ustedes, que no existan fronteras, que solo exista el mundo y que el límite lo establezcan ustedes. ¿Les digo un secreto? Entre ustedes y yo, hace muchos años yo decidí que para mí no existirían los límites, que lucharía y cumpliría todos mis sueños, que sería imparable, y que por encima de mí solo existiría la voluntad de Dios.

En este espacio quiero también hablarles a sus padres, quienes están día a día luchando por su futuro, y enfrentando miles de situaciones para que ustedes puedan vivir mejor. Los que andan con los zapatos rotos para que ustedes puedan tener unos bonitos y nuevos, los que nunca quieren más comida, a los que no les gustan los dulces, a los que se comen las patas y las alitas de los pollos porque no les gustan ni los muslos ni las pechugas.

Para esos padres y madres que merecen tanto, para esos padres que son madres también y para esas madres que han sabido ser padres, ustedes son la inspiración de sus hijos, no solamente sus responsables, sino sus guías, y ellos se van a reflejar en ustedes.

Todo lo que hagamos o digamos será lo mismo que nuestros hijos digan y hagan mañana. Evita que problemas, que para ellos son inentendibles, les afecten. No tendrás ninguna solución con esto; al contrario, estarás sembrando ese mismo problema en ellos, y más tarde o temprano esa semilla dará torcidos frutos. Evita que tu tristeza les contagie, que tu rencor les contagie, y que otras tantas cosas que muchas veces sientes les contagien, aun cuando tengas razón.

Mejor háblales de las cosas que tienen y no les recuerdes las que no tienen. Se es más feliz viviendo el presente que deseando el futuro incierto. Nada nos asegura que el mañana será mejor que el hoy, por eso vívelo y disfrútalo, y no esperes por algo que ningún ser sobre la faz de la tierra sabe si llegará. Guíalos, apóyalos y no les cortes los sueños, mejor participa, te hará mucho bien la oportunidad de soñar con ellos.

Los niños son la esperanza de la humanidad, la esperanza de subsistir, la esperanza de rectificar y de aprender a ser mejores. Nosotros, que estamos hoy frente a ellos, tenemos la responsabilidad de que ese mundo sea mejor.

Dedico esta parte a ellos y a ustedes, porque deseo que este libro se encuentre entre las cosas que hayan contribuido a una mejor sociedad, a una mejor generación que conserve y mantenga vivos todos los valores identitarios de nuestra tierra, nuestra comunidad y nuestro país. Quiero, además, que mi trabajo plasmado en estas páginas sirva como un medio para que puedan conocer de sus orígenes, la importancia que representa el saber de dónde venimos, elemento fundamental para desarrollar el amor por lo propio. No se puede amar algo que no se conoce.

Que en sus escuelas puedan valorar lo que tienen, que es el fruto del sacrificio y del trabajo de tantos que sudaron y lucharon por construir algo que tal vez ni pudieron ver hecho realidad. Que aprendan que la felicidad no depende de las cosas que no tenemos, o de las que deseamos o aspiramos conseguir; la felicidad depende de cómo elijamos sentirnos ahora mismo, de qué actitudes tomamos frente a la vida.

No importa cuánto tengamos o cuánto nos falte, la felicidad depende de una simple decisión: la de ser feliz en cualquier lugar, en cualquier momento y frente a cualquier situación. Esa es la felicidad, y todos sabemos que los niños nacieron para ser felices. Por muy repetitiva o cansona que pueda parecer esta frase, es la verdad, la verdad no se puede esconder y es una sola.

Los niños nacieron para ser felices, al menos lo que dura su niñez, y usted y yo sabemos que es muy corta y que luego, la vida cambia completamente.

*La vida no es la que uno vivió, sino la que uno recuerda
y cómo la recuerda para contarla...*

GABRIEL GARCÍA MÁRQUEZ
Premio Nobel de Literatura 1982

Capítulo I
La Tinta de Jauco, un poco de historia

❧ 23 ❧

Datos generales

Para entender muchas cosas con respecto a La Tinta de Jauco, necesitamos explicar otras tantas. En este capítulo abordaré los aspectos principales de La Tinta de Jauco, desde sus primeros habitantes, ubicación geográfica, hasta su desarrollo económico y social, en un viaje que nos hará transportar a La Tinta de hace casi tres siglos y llegar hasta esta Tinta, tal y como la conocemos.

Nombre original: Jauco.
Segundo nombre: Hacienda Jauco.
Nombre actual: La Tinta de Jauco.
Gentilicio: Jauquero o tintero.
Ubicación: Se encuentra situada al occidente del más oriental de los territorios cubanos. Sus límites son: por el Este con el poblado de Cantillo, por el Sur con el de Boca de Jauco, por el Oeste con el de Boca de Jauco y parte del municipio Baracoa, y por el Norte con el Consejo Popular de Vertientes.
Latitud: 20.123333/20.12 Norte
Longitud: -74.340833/74.34 Oeste
Zona Horaria: América/La Habana UTC -05:00
Elevación: 134 metros/439 pies sobre el nivel del mar.

Primeros habitantes

Aunque es mucho lo que ya conocemos, no cabe duda de que los primeros habitantes de esta región fueron los aborígenes, principalmente aquellos denominados como taínos, quienes llegaron a la isla de Cuba procedentes de América del Sur, entrando por Maisí y asentándose en toda esta zona.

Los vestigios encontrados en los sitios arqueológicos de Francisca Pérez, Armando Prada y Cacha Rodríguez (entronque río Caña y río Baracoa) y los sitios arqueológicos del noreste de La Tinta, que comprenden los de Arroyo La Vaca, Cagüeyva y Guajimero, así lo corroboran.

En La Güira también se localizaron otros dos sitios, y siguiendo todo el curso del río de Los Tibes, desde su desembocadura en el Jauco, en dirección opuesta a su curso, el de Chano Longina (casa Juana Díaz). Estos datos, por ende, los convierten en los habitantes más antiguos y, sin lugar a duda, los primerísimos.

En el libro *The Project Gutenberg de Historia de América desde sus tiempos más remotos hasta nuestros días*, tomo I, publicado en 1917 por Juan Ortega Rubio, catedrático e historiador español, se encuentra reflejado esto:

> *Entre los años (1909-1910), Don Federico Rasco, coronel de la Guardia Rural, encontró objetos precolombinos en una cueva en Jauco, que tienen verdadero valor histórico. Consisten dichos objetos en un dujo o asiento indio de madera y de una sola pieza, con dibujos en tallado, dos ídolos de piedra, tres hachas de piedra dorita pulimentadas, varias figuras o mascarillas de arcilla endurecidas al sol y que formaban parte de las vasijas de los indios, etc. Además, se hallaron dos cráneos, uno de un hombre y otro de una mujer, y por ciertas señales debieron ser de Caribes.*

De nuestros ancestros heredamos muchas costumbres y tradiciones, que hasta hoy laten en cada habitante de esta región y de todos los sitios que estuvieron influenciados por su cultura. La costumbre de bañarnos diariamente proviene de los aborígenes; la forma en que vivimos en una sociedad y nos consideramos todos como familia proviene de los aborígenes; la manera en que todavía conectamos con la naturaleza y los animales proviene de ellos.

La forma en que nuestros abuelos y nuestros padres sembraron los campos, en la manera que diseñaron los conucos o las estancias, proviene de nuestros ancestros. De ellos aprendimos a cultivar la tierra y a vivir de ella, un renglón fundamental de la economía en La Tinta de Jauco. A ellos debemos eso y tantas otras cosas, como palabras pertenecientes a su lengua que hoy continuamos usando. Aquí les dejo algunas de las más comunes, incluyendo el nombre de nuestro pueblo.

Jauco, maíz, yuca, ají, yagua, tiburón, barbacoa, bohío, ceiba, iguana, papaya, guayaba, maní, piragua, hamaca, por solo citar algunas. Cada vez que pronuncias una de estas palabras revives y mantienes su legado, aquel que quisieron arrebatarnos de forma cruel, aquel que una cruz y una espada trataron de ir apagando con el tiempo. Fueron removidos de muchas historias, pero no pudieron removerlos del alma de nuestra isla, porque sus espíritus todavía danzan sus areitos, surcan estas aguas y estos montes, y esos espíritus siempre estarán aquí entre nosotros.

Surgimiento de La Tinta de Jauco como pueblo y más tarde municipio

Teniendo claro quiénes fueron los primeros habitantes de La Tinta de Jauco, podemos continuar conociendo cómo se convirtió en un pueblo.

A la llegada de los españoles a Cuba, en el año 1510, Diego Velázquez comenzó la colonización de la isla por Maisí, donde existían las tribus más fuertes y resistentes de toda Cuba, exterminando en dos o tres meses, un plazo bastante corto, a los aborígenes, que prefirieron morir antes de ser sometidos por los españoles.

Luego de estos sucesos, toda la región que hoy conocemos como Maisí o La Gran Tierra, estuvo prácticamente deshabitada por un largo periodo, hasta que, a principios del siglo XIX, emigrantes españoles comenzaron a asentarse en la región y levantar una pequeña economía basada en fincas rústicas y no en grandes latifundios, lo que explica la poca presencia en esta región de negros africanos usados como esclavos.

El primer nombre por el que se conoció a este lugar fue Jauco. La palabra «Jauco» es un hidrónimo precolombino del que se han derivado los actuales topónimos Salada de Jauco, Boca de Jauco, Jauco Arriba, Río Jauco, Hacienda Jauco y, por supuesto, La Tinta de Jauco.

Un hidrónimo (del griego ὕδωρ *hydor*, 'agua', y ονομα ōnoma, 'nombre') es el nombre propio por el que se designa una masa de agua. La hidronimia es el estudio de los hidrónimos y de cómo las masas de agua reciben su nombre y estos son transmitidos a lo largo de la historia.

Los topónimos, por lo general, derivan de términos que tienen que ver con la forma o la apariencia física del paisaje donde se sitúa el referente de los topónimos.

Por lo tanto, concluyo que el nombre Jauco fue dado por nuestros aborígenes al río, para referirse con exactitud geográficamente a la masa de agua. Luego, los colonizadores europeos se apropiaron de este, usándolo como topónimo para nombrar administrativamente no solo al río, sino también a todo este territorio, y así dejarlo registrado a escala cartográfica y geográfica.

Esto deja perfectamente claro que el nombre de nuestro pueblo lo hemos heredado de nuestros aborígenes, y es un orgullo que hasta el día de hoy sigamos llamando a este lugar por el mismo nombre que usaron los primeros hombres que pisaron esta tierra. Luego de la llegada de los primeros colonos europeos, y no precisamente españoles, a esta tierra, se le dio el nombre de Hacienda Jauco. Se tiene bien claro en todos los documentos de la época, tanto en la región de Baracoa como en los de interés para la república, que esta zona se nombra Hacienda Jauco.

Mucho más adelante en el tiempo, allá por las décadas de 1920 a 1930, un suceso hidrológico cambiaría para siempre el nombre de este pueblo. Uno de los arroyos más conocidos de este lugar, el Arroyo del Rincón, cambió con sus aguas la historia de Jauco.

Un día, y de un momento a otro, las aguas de aquel arroyo se tiñeron de un color oscuro, un color café oscuro que se fue intensificando durante los días que duró aquel fenómeno. Todo el pueblo y sus alrededores quedaron impresionados ante aquel extraño suceso, y sus historias y versiones se dispersaron por toda la región y el país. Tanto se habló de la tinta que bajaba por el río Jauco que, de un momento a otro, ya decían «la tinta del río Jauco», luego «La Tinta del Jauco», hasta que finalmente «La Tinta de Jauco» se estableció como el nombre de este lugar.

El fenómeno no tuvo una explicación concreta, ni se hizo una investigación profunda para analizar a qué se debió aquello. Durante mi investigación, jamás encontré datos concisos que hablaran de este suceso, ni registro alguno a nivel geológico, geográfico o hidrológico.

Muchos hablan de una mina de grafito que entró en contacto con el agua del arroyo, mientras que otros aseguran que son cavidades que existen debajo de los ríos, aguas subterráneas que se van mezclando con hojas y desechos orgánicos, y que a través de miles de años y durante un lento proceso de descomposición tiñen las aguas de colores oscuros. Al entrar en contacto con el caudal de los ríos, pintan sus aguas de esta manera. De una forma u otra, lo que sí es seguro es que, desde entonces, este pueblo se conoce como La Tinta de Jauco.

Durante la etapa colonial, la situación del entonces Jauco no cambió. Entre muchos otros motivos, debido al difícil acceso, todo este lugar se mantuvo casi deshabitado. No fue hasta finales de la década de 1840 que comenzaron a asentarse aquí los primeros hombres que darían vida a los cimientos del pueblo.

En esos inicios, Jauco no era ni imaginablemente como es hoy, ni como fue después. Era un barranco rodeado de una vegetación exuberante, con un río caudaloso y pequeñas chozas que parecían nidos pegados al farallón

En una de estas chozas habitaba quien, según mi investigación, fue uno de los primeros hombres que vino con el objetivo de adueñarse de parte de este territorio: su nombre era Francisco Galta, un italiano florentino, responsable de que este lugar comenzara a llamarse Hacienda Jauco.

En *Cuba América*, una revista mensual ilustrada de hace más de un siglo, en su volumen VII, publicación que comprende los meses de mayo a octubre de 1901, existe un artículo escrito por el Dr. Luis Montané que describe una anécdota específica que nos remonta a los orígenes tanto de nuestro pueblo como de nuestro río.

Una expedición investigativa, que buscaba estudiar a los indios de Cuba y que posteriormente recogería dicha investigación en el libro *Los indios de Cuba*, llegó hasta las costas de lo que hoy es Boca de Jauco. El lugar se describe como muy hermoso, con una vegetación impenetrable que parecía interminable, aún más en la desembocadura del río con el mar.

Al emprender el angosto camino por todo el cauce del río, lo hermoso de aquellos lugares cautivó tanto a aquel hombre, que recordó al Gran Almirante Cristóbal Colón y sus famosas palabras al llegar a Cuba. Fue tan emocionante para mí leer lo que voy a contarles, que he preferido citar textualmente, tal como aparece en el escrito original:

Henos al cabo, fuera del Bosque de Ovando, en cuyas entrañas anduvimos errantes por espacio de tres días, y apoco, ascendemos a una de las mesetas extremas y más elevadas de la Sierra Monte Christi, desde la cual se dilata la vista en el mar y se descubre en días serenos a lo que se nos dice en el remoto horizonte, la oscura silueta de los altos relieves montañosos de Santo Domingo.

Después de haber estado, por decirlo así, sepultados en los bosques, ¡qué gozo el ver por encima de nuestra cabeza el despejado cielo y el respirar a nuestras anchas!

El aspecto del bosque había acabado por sernos monótono, estábamos cansados sin saberlo, quizás de aquellas barreras que parecían eternas.

Hemos encontrado, en fin, de nuevo el aire libre y el espacio. La temperatura de la noche, 16°, nos ha sorprendido, haciéndonos sentir vivamente y no es todo. Imposible conciliar el sueño, a pesar de la fatiga extrema que sentimos, partimos pues a los primeros claros del día para bajar hacia la Caleta de Ovando, donde debemos explorar algunas cavernas que, según se nos asegura, contienen osamentas humanas —vana pesquisa—, que se nos demuestra, una vez más, que debemos resignarnos a ser, hasta el fin, juguetes de la fantástica imaginación de nuestros guías.

Pero el tiempo apremia, porque debemos ganar la Costa Sur y adentrarnos muy pronto en el lecho del Río de la Hacienda de Jauco, en aquella hora precisamente en que conserva todavía el paisaje su encanto virginal, es el momento fugaz y delicioso que precede inmediatamente a la salida del sol, y es ese día claro ya, sin embargo.

Nubes ligeras de tenue rosa flotan en el azul opalino de las montañas, los árboles todos están húmedos, el río, transparente como el aire mismo, deja ver hasta el fondo los objetos más menudos que descansan sobre la arena de su lecho.

Ora, surgen de su seno pequeñas islas, donde en la arena fértil crecen vicarias blancas y cárdenas inclinadas sobre sus tallos, como si quisieran alcanzar las caricias del agua palpitante a sus pies.

Ora, se interrumpe y quiebra su curso por bloques abruptos desprendidos del farallón, contra los cuales murmura sonora la linfa corriente, y en cuyas grietas brota una planta esbelta de menudo follaje verde oscuro, de flores en forma de estrella y de subido color violeta.

A uno y otro lado de la ribera, se escalonan árboles gigantescos de musgosos troncos constelados de orquídeas; y por cuyas ramas, cruzando tal vez de un tronco al otro, se extienden caprichosas las lianas, y por debajo y en ambas orillas, crecen apiñados los helechos vigorosos, abriendo sus hojas en forma de abanico, en aquel lugar lleno de misterio, donde aparecen sombra y paz profunda.

Existe aquí, trasciende de todo este cuadro un sentimiento de armonía que conmueve, que nos envuelve como una pura caricia y que inunda el alma de inefable dulzura.

Quería uno permanecer en aquel sitio obedeciendo a la atracción de la encontrada orilla, y tal vez, se piensa secretamente en fijar por allí la vida.

Muy lejos andan ya mis compañeros, mientras yo he quedado atrás solo, continuando todavía viviendo como en éxtasis de la visión aquella, dejándome compenetrar en menuda contemplación del encanto de la belleza y de la grandeza misma del medio. Pero ya ilumina el sol las altas cimas, el cielo está azul, todo el azul.

Las abejas solícitas abandonan las colmenas de las grietas del farallón para recoger la miel de las florecillas de la ribera. Una bandada de catelles ensordece con sus agudos gritos el aire por encima de nuestra cabeza, y de todas partes, de en medio de las inextricables malezas de la ribera, se eleva no sé qué vago concierto de ruidos, de gritos, de chasquidos, como la señal de la lucha que comienza todos los días a esta hora, lucha fatal y eterna en la cual, el árbol gigantesco y la humilde hierba rastrera, el insecto y el bruto pugnan por abrirse campo y alcanzar su porción de sol, fuente de vida.

¡Ah! cómo penetré en aquellos instantes el sentido de aquella página, de todos conocida, especie de himno inspirado a Colón por la espléndida belleza del suelo cubano.

Los ladridos de un perro, que se dejaban oír en la orilla derecha, me arrancaron de aquella contemplación retrospectiva.

—Estamos ya en terrenos de Galta —me dijo Domínguez—, y en efecto, a poco andar llegamos por estrecha y tortuosa senda al sitio en que se alzaban dos o tres pequeñas cabañas respaldadas como nidos a las paredes del farallón.

El rey de aquella soledad, el Sr. Galta, ciudadano de Florencia, Italia, es un hombre a primera vista robusto a pesar de sus 65 años, pero, mirado de cerca, descúbrase en sus facciones cierto cansancio y no sé qué vaga melancolía.

El Dr. Carlos de la Torre Huerta (15 de mayo de 1858-19 de febrero de 1950), antropólogo, malacólogo y zoólogo cubano, eminente investigador y profesor universitario, publicó un artículo el 15 de noviembre de 1890, bajo el título de *Conferencia científica*, describiendo su viaje a la provincia de Oriente, y cito:

El Sr. Francisco Galta, dueño de la Hacienda Jauco, me cedió los siguientes objetos:

Una figura y un asa de olla, de barro, halladas en la «Cueva de la Caleta», con huesos de indios; un hacha de serpentina noble pulimentada, trunca e imperfecta por

Esta es una descripción impresionante que nos transporta a aquellos inicios y recoge, como en una fotografía, las bases que sentaron lo que hoy conocemos.

Así, con la presencia extranjera de hombres sedientos de riqueza y por abrirse camino en el Nuevo Mundo, comienza a construirse la historia de Jauco. Aunque este fue un período largo y muy lento debido a la situación geográfica que lo mantuvo prácticamente deshabitado, a salvo de los intrépidos que se atrevieron a dominar y hacer producir la tierra, y a desafiar la naturaleza para llegar hasta Boca de Jauco, donde existía un gran embarcadero propicio para el comercio.

Por la cercanía con Baracoa y Sabana —este último, el lugar con más desarrollo en toda el área de Maisí— y la existencia de un estrecho y fangoso trillo entre Los Jamales de Jauco y Vertientes que facilitaba la comunicación a caballo, las cosas tuvieron un casi desapercibido alivio.

Después de las guerras de independencia, específicamente la del 95, toda la región de lo que es hoy Maisí quedó muy devastada, pero un grupo de hombres se las ingenió para subsistir, principalmente con la agricultura, y Jauco sentó las bases que lo impulsaron a acrecentar su desarrollo.

Ya para el periodo neocolonial, a inicios de las primeras décadas del 1900, Jauco se convirtió en un hermoso pueblo de tiendas y vidrieras que deslumbraban a todos los que por aquí llegaban. Las construcciones denotaban un creciente auge en el lugar, destacándose casonas de madera y otras de dos pisos con un esplendor impresionante.

Según archivos y documentos de la época, la primera casa construida y registrada como tal en el poblado de Jauco o La Tinta, fue construida en 1906. Era de guano y corredores de zinc, y perteneció al señor Tomás Matos, conocido como Pepa. Luego pasó a la familia Ortega, quienes la compraron y remodelaron, convirtiéndola en una hermosa y moderna residencia con acabados muy vistosos. De allí salía el sonido de la cristalería y los cubiertos, que, al manipularse en aquel refinado comedor, hacían notar el lujoso modo de vida de sus dueños. Esta casa llegó intacta hasta nuestros días como la ya desaparecida Casa de Cultura de La Tinta.

La segunda casa de la que se tiene registro fue del señor Gachera Chávez, construida entre los años 1910 y 1913. Más tarde, fue adquirida por Don Cecilio Lobaina Abreu y Doña María Alba Guilarte, quienes hicieron arreglos y la fueron dotando de los estilos y equipos que eran tendencia en la época. Esta, unida a la de la familia Ortega, resultaba una de las más vistosas y modernas, teniendo en cuenta la notable posición económica de sus pudientes dueños. Permaneció en pie como La Oficoda hasta que, en octubre de 2016, el huracán Matthew borró sus 100 años de existencia, junto con la que se ocupaba como La Casa de Cultura.

Aunque no está registrada como vivienda, debo aclarar que el templo bautista comenzó su construcción en 1909 y se terminó en 1912, lo que me lleva a pensar que seguramente existían viviendas más antiguas en el área, aunque no se tengan registros de ello.

Hubo aquí viviendas con proporciones elevadas y anchas, con portales largos, horcones y barandas con adornos tallados, que también se observaban en el interior de estas, en las vestiduras de puertas y ventanas, igualmente de grandes proporciones. Aunque no fueron la expresión más fiel de los estilos arquitectónicos de la época colonial, sí recibieron claramente su influencia.

Lamentablemente, quedan pocas o nulas evidencias de estas construcciones debido al paso de los años y las inclemencias del tiempo. Además, las que sobrevivieron hasta nuestros días nunca recibieron el verdadero valor que merecían, por lo que no se estimuló su conservación. Esto es algo muy lamentable, de lo que somos nosotros mismos los primeros responsables.

Aunque queda tiempo para rectificar, podríamos recrear al menos una de estas construcciones emblemáticas como tributo a todas las que dejamos desaparecer. Recuerdo la casa de Eliades Pérez y su familia; era impresionante, con dos plantas, una hermosa escalera y barandales en todo su borde. Esta casa era un vivo recuerdo de la casi extinta belleza arquitectónica de nuestro pueblo en aquellos años, y lo digo porque su presencia hacía cuestionar las casas modernas y sus «actualizadas» construcciones, que ni por asomo les llegaban a los talones a aquella hermosa casa histórica de la familia Pérez.

Otra casa que claramente recuerdo es la del señor Eduardo, en Los Tibes de Jauco. Mis primos y yo fuimos invitados a un hermoso cumpleaños allí. Yo tendría unos doce o trece años, tal vez menos, y estoy convencido de que, mientras ellos disfrutaban de la fiesta, yo estuve mirando y admirando aquella casona de madera, muy bien construida, con tantos detalles que hasta los apoyos para los canales en el tejado estaban adornados con delicados trabajos, como un encaje grabado en la madera.

El camino del centro del pueblo era de tierra, salpicado de matas de guayaba silvestres. El terreno que hoy ocupa el Policlínico, y hasta unos 100 metros más abajo, fue primero una gran parra, donde se cosechaban uvas de muy buena calidad. Luego se convirtió en una gran vega con su respectivo bohío, donde se almacenaba el tabaco. Por aquel camino del pueblo quedaban grabadas en el fango las patas de los caballos que circulaban, llevando a todos a cualquier lugar. Otros caminaban largos tramos a pie, quienes, por lo general, y debido a la escasez de recursos, no podían comprar zapatos que se ajustaran a las condiciones del lugar.

Hay anécdotas de quienes tejían sandalias y alpargatas para protegerse los pies, y según cuán largo fuera el trayecto, se confeccionaban unas para la ida y otras para el regreso, ya que no resistían los largos trayectos y las condiciones del suelo. En el área donde hoy se ubica la escuela primaria, existían frondosos framboyanes que sombreaban el centro del pueblo. Más tarde, ahí se instaló una despulpadora de café que estuvo en explotación durante muy poco tiempo, debido a que la producción de café era tan grande que necesitaba de un lugar mayor.

El Bar es imposible de dejar de mencionar, no solo por su belleza y la hermosa vista que daba al río, con la espectacularidad de su moderna construcción, inspirada en los de ciudades como Baracoa o Santiago de Cuba, sino también por los cientos de anécdotas que vivieron en él muchos que hoy ya peinan canas y otros que no están, pero que sin dudas son muy conocidas. Allí, sin energía eléctrica, se bailaba al ritmo de guitarras, traganíqueles y órganos.

Muchos que lo vivieron dicen que fueron las mejores fiestas de La Tinta. Fue, sin duda, un sitio de preferencia para el pueblo. Incluso en mi niñez recuerdo que todavía gozaba de mucha popularidad entre los tinteros, aunque seguramente era muy diferente al original, lograba mantener vivo el espíritu parrandero.

El otro atractivo era el templo Bautista, una iglesia hermosa y majestuosa con su puntiaguda capilla y una arquitectura peculiar, con grandes ventanales. Fue construido con madera traída específicamente desde Jamaica. La construcción del templo comenzó en 1909, pero se detuvo debido a un ciclón que afectó parte de la estructura lograda hasta ese momento y por la falta de comunicación con Boca de Jauco, donde llegaba la madera de cedro en las goletas provenientes de Jamaica.

La construcción fue financiada por un caballero estadounidense de apellido Charles, quien estaba involucrado en el negocio del guineo Johnson en esta región. Charles, natural de Carolina del Norte, en Estados Unidos, trajo los planos para construir este templo, muy parecido al de su pueblo natal.

Cuando a finales del año 1958 quemaron el poblado, el templo también fue alcanzado por las llamas. Un soldado, con agua en su casco, apagó el fuego que ya ardía en una esquina. Allí permaneció durante muchos años aquella marca como testigo de la historia.

La Tinta de Jauco fue un municipio, con su capital municipal en La Tinta, hasta la división político-administrativa del año 1976, en la que se disolvieron los antiguos municipios y se fundó el actual municipio Maisí.

Con seguridad, el pueblo de La Tinta de Jauco tiene aproximadamente 168 años de fundado, ya que desde 1855 se tienen registros de una pequeña población de no más de 30 habitantes, aunque no se trataba de un pueblo establecido y estructurado. La evidencia que encontré señala la primera celebración de un aniversario del pueblo el 30, amanecer del 31 de diciembre de 1905.

Según testimonios y algunos documentos que no especifican el número exacto de aniversario, se describe el día 30 de diciembre de 1905 como de mucho movimiento debido a las celebraciones del aniversario del pueblo. Se mencionan muchos jinetes y personas de pueblos vecinos, algunos altercados, y muchas banderillas de colores colgando en los árboles y frente a las casas.

Es por esta evidencia física que he comenzado a contar los aniversarios del pueblo de La Tinta de Jauco desde esa fecha, sabiendo que hay registros anteriores. Desde noviembre de 1880, aparecen los primeros registros de este lugar nombrado como Hacienda Jauco, aunque no como un pueblo establecido. Para evitar números inciertos, prefiero basarme en lo comprobable, y por ello, este 30 de diciembre de 2024, La Tinta de Jauco cumplirá oficialmente 169 años de fundada.

La religión en La Tinta de Jauco

Es imposible hablar de ninguna sociedad sin mencionar su religión y sus creencias. En el caso específico de Cuba, la «evangelización» se inició formalmente a partir de 1511, con la llegada de cuatro frailes que acompañaron la expedición conquistadora de Diego Velázquez. El primer obispado fundado en el país fue el de Nuestra Señora de la Asunción de Baracoa en 1518, que cuatro años después fue trasladado a Santiago de Cuba.

En general, tanto la conquista como los conquistadores se autoproclamaron católicos, aunque su proceder mostró poco testimonio de ello. Los desmanes que caracterizaron este proceso evidenciaron que las verdaderas motivaciones de los conquistadores estaban más relacionadas con la codicia del oro, la ambición de poder y el prestigio, que con un genuino proceder religioso.

«La Cruz y la espada», afirmó Fray Bartolomé de las Casas, y «una sed insaciable de oro en el corazón» guiaron a los conquistadores católicos.

Debido a la cercanía de La Tinta de Jauco con Baracoa, ciudad que albergaba la dirección religiosa, económica y política, además de la comunicación marítima entre Santiago de Cuba y Boca de Jauco, la religión siguió su curso como era de esperar. El catolicismo, traído por los europeos que se asentaron en Jauco, fue la primera religión que se profesó en la región. Sin embargo, años más tarde, otras doctrinas protestantes, como los bautistas y pentecostales, tomaron más fuerza en el territorio.

La obra bautista en Cuba comenzó en 1898, con la primera iglesia bautista ubicada en Santiago de Cuba, y fue también bautista el primer templo que se levantó en el poblado de La Tinta, alrededor de 1912. Este templo tuvo como uno de sus primeros líderes al Rev. Víctor Ignacio Legrá García, aunque no se tiene un registro exacto que asegure durante qué tiempo, o si hubo otro líder antes de él. La iglesia más tarde se extendió a Los Tibes de Jauco, Los Jamales de Jauco y Guajimero.

No se puede descartar la posibilidad de que existiera alguna capilla o similar en La Tinta hace casi tres siglos, debido al modelo de asentamientos de la época, donde la iglesia y la cruz eran parte indispensable de cualquier pueblo. Hasta la actualidad, tanto católicos como protestantes conviven en plena armonía, con un gran arraigo en la población, que ha sabido respetar a la iglesia en general.

En La Tinta de Jauco está situada La Cruz desde el martes 3 de mayo de 1853, colocada por los primeros vecinos que la nombraron La Cruz de la Parra. Esta cruz es una clara señal de que el cristianismo católico late en el pueblo. Durante la quema del barrio, los guardias la retiraron y la colocaron en un lugar seguro, y al finalizar la guerra fue devuelta a su sitio. A partir de entonces, fue removida y devuelta en más de una ocasión.

Aunque ocurrieron muchos tropiezos y situaciones que dificultaron su retorno, finalmente La Cruz volvió a La Tinta. Aquí está, y aquí pertenece. Llegó primero, y eso se respeta; es su derecho legítimo, y nos corresponde a todos cuidar con celo nuestra historia y nuestra cruz, que próximamente estará cumpliendo sus 170 años.

Otras prácticas religiosas, como los bautizos de los niños, los altares a La Virgen de la Caridad y los rezos a los difuntos, dejan en claro que el pueblo de La Tinta de Jauco tiene sus creencias bien definidas. Aunque hayan transcurrido los años y muchas cosas hayan evolucionado con el tiempo, se conservan muy bien prácticas que forman parte indiscutible de nuestra identidad religiosa y cristiana.

La economía en La Tinta de Jauco

La economía de La Tinta de Jauco se basó principalmente en sus riquezas naturales y en las producciones de las fincas rústicas que establecieron los primeros extranjeros que se asentaron en la región. Debido a su gran densidad boscosa, la extracción y venta de maderas preciosas, como el cedro, favorecieron considerablemente la economía jauquera.

Además, los cultivos de café y cacao ya se hacían presentes, aportando un importante impulso a la economía local. La Revolución de Haití, iniciada en 1791, benefició considerablemente a Baracoa, cuando más de 100 familias francesas emigraron a esta localidad, dedicándose principalmente al cultivo de café, caña de azúcar, coco y banano o guineo, entre otras actividades.

Este auge del comercio convirtió las grandes y fértiles extensiones de tierra de Jauco en el blanco de muchos hombres deseosos de invertir en la agricultura. Así fue como comenzaron a implementar sus planes de desarrollo, adoptando costumbres que estos franceses introdujeron en Baracoa, como el cultivo del café y el cacao.

Sin embargo, a finales de la década de 1830, comenzaron a manifestarse los síntomas de la crisis del café en la región, provocada, entre otras razones, por la caída de los precios y la expansión del café brasileño. Esta crisis se extendió casi tres décadas, afectando toda la jurisdicción de Baracoa. Fue así como grandes áreas de cafetales fueron abandonadas y demolidas para sembrar guineo. La producción y comercialización del guineo y coco se fortaleció.

El clima de aquí resultó muy favorable para el próspero negocio del guineo, y para finales del siglo XIX, se pusieron manos a la obra. Por todo el camino que, junto al río, conduce hasta Boca de Jauco, desfilaban interminables cuadrillas de mulos que cargaban guineos, café, cacao, coco y madera preciosa y semipreciosa de Jauco, así como algo de miel de abejas.

Para ese entonces, Boca de Jauco era un importante punto de desarrollo para la economía de Jauco, pues era allí donde, a través de barcos de vapor y goletas, saldrían hacia Santiago de Cuba todas aquellas mercancías y viceversa. Era desde esta gran urbe de donde las tiendas y negocios de Jauco recibían la mayor parte de su abastecimiento.

Cuentan que desde aquí se podían escuchar las cornetas de los grandes vapores al llegar a la costa, anunciando su presencia cargada de novedades. Aunque parezca imposible de creer, también existía comunicación telefónica; la línea se extendía desde Boca de Jauco hasta El Bejuco o Los Jamales. La cría de ganado también sería de mucha importancia en la región, debido a la producción de cuero, leche y carne que abastecía al pueblo.

Los primeros comerciantes en establecerse en Boca de Jauco, por donde llegaban las mercancías procedentes de Santiago de Cuba, fueron Enrique Prada y su hermano Gabriel, quienes lograron apoderarse de grandes cantidades de dinero y tierras. Enrique se adueñó de la franja de la costa de Jauco, mientras que Gabriel tomó la zona de Los Llanos, a la que nombró la Vega de Prada.

Entre 1940 y 1952, además del café, que se vio favorecido por la introducción de nuevas variedades, existían otras producciones como el cacao, guineo y coco. El fomento económico de este período permitió constituir, el 5 de abril de 1949, la Asociación de Caficultores de Jauco, en un lugar conocido como Caña, en el domicilio de Luis Ferrer, a quien le asignaron el cargo de presidente.

Como secretario ejerció Ciriaco Borges. Esta organización desempeñó un importante papel en la lucha del campesinado de la zona por mejoras económicas y sociales, aunque sus demandas eran de reformas y no se manifestaron en contra del gobierno. Las principales peticiones de los caficultores están recogidas en el acta de la reunión efectuada el 5 de septiembre de 1958.

Fueron en esas mismas décadas que un grupo de caballeros de buena posición económica de La Tinta de Jauco y Baracoa se unió, con la invaluable ayuda del pueblo, para abrir un camino transitable para automóviles desde Baracoa a La Tinta de Jauco. Para esa fecha, el pueblo ya estaba lleno de radios americanos, una planta eléctrica y refrigeradores de gas que los menos pudientes no podían tener.

También había una oficina de correos, administrada por mi abuela Nena y su fiel amigo Panchito. Desde esta estación de correos se podían encargar, enviar y recibir paquetes y correspondencia a toda Cuba y al extranjero. Las tardes estaban marcadas por paseos y jinetes que recorrían estos caminos, y en los portales de las casas, las personas se sentaban a conversar.

Mujeres y hombres muy elegantes y refinados ya lucían las últimas tendencias de la moda, que llegaban no solo a través de los catálogos traídos por los vendedores ambulantes, sino también confeccionados aquí mismo y en Sabana por las hábiles y prominentes costureras que esta tierra ha tenido.

Actividades de entretenimiento como el circo desandaban trayendo hasta aquí todo lo hermoso e impresionante de sus artistas, con malabares y habilidades que dejaban a más de uno con la boca abierta. Muchos ya tenían automóviles, y en casi todas las comunidades de La Tinta existía una bodega o tiendita, a cargo de algún gallego o de algún intrépido que se atrevía a abrirse camino en estos intrincados parajes.

Así, con el transcurrir de los años, llegaron cambios, y con ellos, nuevas tendencias. Progresivamente, La Tinta fue dejando atrás muchas cosas y recibiendo otras. Luego del triunfo de la Revolución Cubana, encabezada por Fidel Castro en enero de 1959, se comenzaron a sentar las bases para dar lugar a La Tinta actual. Llegó la electricidad, la televisión, escuelas, hospitales y se construyeron más caminos.

Se construyó el consultorio médico de La Tinta de Jauco, o el dispensario, como también se le llamó, que recibió en agosto de 1967 al doctor Adolfo Blanco, primer médico oficial de La Tinta de Jauco. Aquí, muchos nacieron y otros vieron una oportunidad de extender sus años. Los consultorios médicos de la familia llegaron hasta Veguita, Los Jagüeyes, Los Gallegos, Río Seco, Boca de Jauco, Caleta, El Naranjo, Los Tibes, Guajimero, La Güira y Los Jamales.

Aunque desaparecieron muchas cosas hermosas que todavía se añoran en la actualidad, conseguimos otras muy valiosas que nos han ayudado a existir en el tiempo y que también han contribuido a que La Tinta de Jauco jamás pierda la magia y el encanto que caracterizan esta hermosa tierra.

La educación en La Tinta de Jauco

Es fundamental describir un poco el proceso y el desarrollo de la educación en esta región. Si bien es cierto que fue el triunfo revolucionario de enero de 1959 el que trajo un verdadero desarrollo educacional hasta estas serranías, también es importante destacar aspectos que debemos dejar plasmados aquí con claridad para entender cómo aquellos que no asistieron nunca a una escuela tenían la habilidad de leer y escribir. Para esto, nos remontaremos a la época neocolonial, momento en el que realmente brilló la connotación económica y social de La Tinta de Jauco.

Las escuelas no eran abundantes en Jauco; de hecho, antes del año 1959 existían muy pocas y estaban dispersas. Estas contaban únicamente con el ingenio de maestros que se las arreglaban para impartir clases en cualquier sitio donde pudieran reunirse niños y adultos que buscaban formas de instruirse. Desde El Caimoní, se sabe que existían maestros que incluso enseñaban debajo de un árbol, donde enseñaron a trazar las primeras letras a muchos que hoy recuerdan con cariño esa época.

Lamento mucho haber olvidado el nombre de aquel maestro de antaño que llegó desde España, escondido en un barril, huyendo de la dictadura franquista. Llegó sin nada, con unas pocas monedas en el bolsillo, y lo primero que hizo fue intentar conseguir libros para retomar su profesión. Finalmente, los consiguió con unas monjas en Santiago de Cuba y, por azares del destino, terminó por estos rumbos impartiendo sus clases a muchas personas.

Para los que vivían en las cercanías del pueblo, la enseñanza se facilitaba más debido a la abundante presencia de mujeres y hombres que, por su posición económica, habían recibido buena educación y no dudaban en hacer un pequeño espacio en cualquier sitio para enseñar a contar o a escribir algunas palabras a los niños del barrio.

Recuerdo que mi mamá daba clases detrás de la casa, en un rancho grande que había. Allí tenía sus mesitas y sus banquitos, así me contó Iliana Lobaina, quien aprendió a escribir y a leer con su madre, Loida Matos, quien además enseñaba clases de corte y costura a las muchachas de La Tinta de Jauco y sus alrededores. Con esta prominente dama aprendieron a leer y escribir muchos de los que hoy son ancianos; un ejemplo de esto es Socorro, nuestro Corojito, carpintero de habilidad innata.

Hubo también un importante movimiento de damas llamadas las Maestras Hogaristas, quienes enseñaban a las muchachas las principales herramientas para dirigir una familia y un hogar. Desde recetas de cocina hasta manualidades y materias como matemáticas eran introducidas por esas increíbles mujeres en aquellas mentes bisoñas.

En el caso de mi abuela Nena, aprendió con su madre adoptiva, Luz María Alba, y aunque recibió buenos «cocotazos», logró captar el conocimiento que le ayudó más tarde a realizar sus propios emprendimientos. Además, pudo recibir algunas clases del maestro español que mencioné anteriormente.

Fue con la misma Nena, o Nenita, y ya más adelante en el tiempo, que muchas muchachas aprendieron mecanografía; así era como la educación se expandía por La Tinta de Jauco. Sin embargo, fue la campaña de alfabetización impulsada por Fidel Castro la que puso a disposición de todos, pequeños y grandes, la maravillosa oportunidad de dejar atrás el oscuro e ignorante periodo en el que leer, escribir y recibir una educación de calidad eran un lujo al que pocos podían acceder.

La cultura en La Tinta de Jauco

Este es un tema muy rico, del que tendré que abordar muchísimo debido a la amplitud y a la riqueza que encierra, desde tiempos inmemorables hasta los actuales años. Habrá elementos tan significativos que necesitarán su propia y detallada explicación, por su gran importancia para los tinteros, pero sobre todo para las generaciones venideras, quienes necesitan saber que La Tinta de Jauco, y más allá de lo que muchos piensan, es un gran reservorio de tradiciones culturales que, aunque ajenas para muchos, han formado parte decisiva de la cultura cubana tal y como la conocemos hoy. Nunca se les ha brindado el tratamiento necesario a estas reliquias de la identidad cultural de La Tinta y del país, ni por parte nuestra, ni por parte de las instituciones responsables.

Desde tiempos inmemorables, la cultura ha estado presente en La Tinta de Jauco. Los primeros habitantes tenían sus propios ritos y bailes. Los taínos practicaban la alfarería con gran perfección. Muchas de sus obras tenían fines religiosos, como el vaibrama (dios de la lluvia). También hacían cemíes de piedra o madera de gran tamaño para ritos y festejos. Tenían cantos propios de su cultura, pero al no existir este pueblo actualmente, se perdió su tradición.

Se tiene conocimiento de que practicaban una especie de juego competitivo al que llamaban batos, que quizás haya sido uno de los orígenes del actual béisbol. Sus festejos y ceremonias los llamaban areítos. Bailaban en un círculo alrededor del fuego, tocando diversos instrumentos. Se pintaban el cuerpo y se llenaban de plumas de aves que eran simbólicas para ellos. El behique era el brujo y curandero de la tribu, es decir, de su aldea o comunidad, que estaba regida por un cacique, quien también organizaba los funerales y ceremonias religiosas.

En específico, La Tinta de Jauco tiene datos que, para muchos de ustedes, o para casi todos, van a ser desconocidos. En nuestras tierras se encontraron figuras precolombinas hermosas e importantes, que prueban en gran medida la destreza artística de nuestros primeros habitantes.

Un ejemplo de esto es la jicotea de Jauco; seguramente no sabrás de qué te hablo, pero es un dato de suma importancia para los de aquí, y te lo revelo a continuación, usando como referencia la información existente en el museo Montané de La Habana, donde se encuentra expuesta nuestra jicotea.

La jicotea fue hallada en la localidad de Jauco, que pertenece a la actual provincia de Guantánamo, en el extremo oriental del país. Esta figura fue elaborada mediante la talla y la incisión en roca diorita de color verdinegro (roca eruptiva, Larousse 1968) y está terminada con un pulido en todas sus áreas. Posee un largo de 150 mm, un ancho de 117 mm, un grosor máximo de 31 mm y un peso de 1,03 kg.

En relación con su anchura, es necesario señalar que presenta una desproporción entre su lado derecho e izquierdo, ya que en esta dirección el carapacho sufre una depresión (hasta 26 mm de grosor). El acabado puede considerarse parcial y de tosca elaboración en comparación con otros objetos de madera y piedra de esta cultura; algunas huellas de picado sobreviven al pulido, sobre todo en la región dorsal de la izquierda.

El pulido no se realizó completamente en algunas áreas, como la que se encuentra entre las patas delanteras y el cuello. En esta zona específica se conservan líneas testigos del trabajo de desbastadura de la piedra, producido con otras rocas de mayor dureza. El remate de dichas líneas se ha logrado con un instrumento que ha dejado una canaladura, posiblemente un objeto cilíndrico de madera o un cáñamo. Un fenómeno similar se observa en la parte posterior.

Hay dos tipos de incisiones en la jicotea: la lineal recta y la circular, que forman parte del carapacho. Se trabaja en un diseño esquemático de grecas que terminan sobre la cola, sin atenerse a la naturaleza del animal representado. En las patas, se destacan los dedos; en el cuello, hay una línea que lo bordea en forma de pliegues; en los ojos, se forman dos pequeños círculos, y en la boca, se aprecia un corte profundo. Solo dos perforaciones insinúan la nariz. La región ventral muestra alguna atención, exclusivamente en la línea circular del cuello, ya mencionada, y en el pulido general.

La pata delantera derecha fue tallada con más detenimiento; se trató de precisar su contorno, lo cual se observa en una incisión que la delimita. Esto no aparece en la correspondiente izquierda, como si el autor abandonara este esfuerzo. Las patas posteriores y la cola, en esta región ventral, están esquematizadas y resaltan del cuerpo por un corte en chanfle, sin la menor preocupación por el acabado. Sobre una superficie plana, las patas posteriores quedan suspendidas y solo la anterior izquierda se apoya.

Aunque el arqueolito objeto de estudio es único en su tipo dentro de nuestra área, no podemos pasar por alto otras evidencias arqueológicas, donde también es reconocible la forma del quelonio. En ocasión de la visita de Carlos de la Torre a la ciudad de Baracoa, le entregué al doctor La Torre cuatro cráneos deformados y otros objetos de gran importancia antropológica. Posteriormente, le remití otro cráneo deformado, una jicotea de piedra trabajada por los indios y otros objetos. La jicotea la adquirí por indicaciones que me dio mi amigo, el estudioso italiano y vecino de Jauco, el señor D. Francisco Gaita; le expresé que hiciera entrega de ellos a la Academia.

Fue así, por mediación del doctor Fermín Valdés Domínguez (1891), hermano entrañable de José Martí, que hizo aparición en la arqueología cubana y antillana esta joya del arte precolombino. Citada desde entonces por investigadores de este tema (Montané 1908:3-4, Harrington 1921:117 y 1935:81, Herrera Fritot 1936 y 1952, entre otros), si bien se ha considerado como un exponente relevante del Arauco insular, no ha sido objeto de un estudio que manifieste su intrínseca significación y su trascendencia cultural. De manos del doctor La Torre pasó a las de Luis Montané, quien la incluyó entre los exponentes más importantes del museo que fundó en 1903 en la Universidad de La Habana, que hoy lleva su nombre.

A la llegada de los españoles a Cuba se produce el choque entre dos culturas: la de los aborígenes, primeros habitantes de la isla, y la traída por los colonizadores europeos, quienes, en muy poco tiempo, dejaron casi extintos los últimos vestigios de los aborígenes, su modo de vida y creencias. Desde ese momento, la cultura de Cuba comienza a sufrir un cambio radical, una transición que la privó de mucho. Llegó una nueva religión, un nuevo Dios, nuevas costumbres y un nuevo modo de vivir. Los ibéricos tenían sus propias formas de expresión, y así las dejaron plasmadas en todo el país y, por supuesto, en esta zona.

En las postrimerías del siglo XVIII, llegaron a Baracoa más de cien familias francesas huyendo de la Revolución Haitiana. La influencia de la emigración francesa pronto se hizo sentir en la cultura local.

A partir de la segunda mitad del siglo XIX, se produce en la ciudad de Baracoa un incipiente florecimiento cultural que se manifiesta en la aparición de sociedades, liceos, casinos, la primera imprenta y el primer periódico local, así como en la celebración de actividades relacionadas con el teatro, la música, la literatura, la filosofía, y en la conmemoración espléndida del cuarto centenario de la llegada de Colón. Para ese momento, ya eran normales en Jauco las fiestas y celebraciones campesinas acompañadas de guitarras, maracas, bongoes y el tres.

Es precisamente por estas inmediaciones del siglo XIX cuando nace en las lomas de El Pomo, en Guajimero, uno de los elementos identitarios de La Tinta y su cultura: La Puntillita. El aislamiento de La Tinta de Jauco con el resto del país propició, paralelamente, que se mantuvieran, en las zonas más intrincadas, sus costumbres y su cultura, lo que favoreció que llegara hasta la actualidad en su forma más pura.

La Puntillita y La Cañandonga, joyas musicales de La Tinta de Jauco

Una de mis cruzadas investigativas por la zona de Guajimero, que compartí con una gran amiga, Yindra Galano Rodríguez, fue de exquisita importancia para mi investigación acerca de La Puntillita. En mis escritos inéditos, *Siguiendo los pasos de La Puntillita*, reflejo con más detalles esta aventura inolvidable. La ocasión nos guio hasta la comunidad de El Pomo, donde el cariño y la humildad de sus vecinos nos esperaban, acompañados de conversaciones interminables y emotivas, y claro, del acostumbrado trago de café. Imposible, exactamente imposible de olvidar.

Casiano Matos, muy emocionado e ilusionado, nos compartió una historia que es un tesoro absoluto para los hijos de esta tierra y que todos los tinteros deberían conocer. Aquel testimonio fue respaldado por Cristel Noa, Lango, Sarito y Andrea, la dulce y delicada anciana, quien incluso nos mostró cómo bailó en sus años mozos aquel ritmo pegajoso, como ella misma lo denominó.

Según Casiano, y partiendo de las historias que él escuchó de sus padres, y estos de sus abuelos, nos cuenta que a finales del siglo XIX y principios del XX, en estas lomas nacen, de las manos prodigiosas de los músicos autodidactas de esta región, *La Puntillita* y otro tesoro musical nuestro, *La Cañandonga*. Era muy normal, e incluso era la moda de aquellos años, que en toda La Tinta de Jauco, principalmente en las comunidades de El Pomo, La Gunita, El Cedro, La Cuchilla, La Güira, La Güirita y Caleta, entre otros, se bailara y se tocara La Puntillita.

«No había fiesta en toda esta zona que no se bailara *La Puntillita*», nos contó Casiano, con una mirada que delataba la añoranza de aquellos años. Íbamos de casa en casa y de fiesta en fiesta, bailando en las salas de las casas, los patios, los secaderos y los enormes ranchos de guano, alumbrados por mechones que se apagaban a la llegada del sol, cuando todavía se continuaba bailando.

«Antes no era como ahora; las fiestas duraban hasta siete días y en ese mismo lugar se planificaba dónde continuaría el festejo, y allá se iba todo el mundo». En cada fin de año, en nochebuena, cumpleaños o cualquier festividad, estaba presente *La Puntillita*, que, por su ritmo contagioso, se esparció rápidamente por toda la región de Baracoa y Maisí. Todos conocían el baile, que en una de sus estrofas decía:

> *Puntillita mamá Puntillita,*
> *Puntillita mamá Puntillita.*
> *En el barrio de La Tinta,*
> *en la zona de Guajimero,*
> *se toca La Puntillita*
> *y la baila el pueblo entero.*
> *Puntillita mamá Puntillita,*
> *Puntillita mamá Puntillita.*

Otras estrofas más atrevidas decían:

> *Puntillita mamá Puntillita,*
> *Puntillita mamá Puntillita.*
> *El baile de La Puntillita*
> *se baila bien apretao,*
> *cuando uno está enamorao*
> *de una muchacha bonita.*

Así nos contaba Lango, que con una jocosa sonrisa nos cantó una buena parte de aquella rima. Uno de los músicos que más destacó en todos estos lugares fue Eusebio Matos, a quien se le conocía como el «Negro Floriano», quien, de forma empírica, aprendió a tocar la guitarra y el tres de manera magistral. Estos hombres y mujeres de gran valía recuerdan que era común escuchar la voz de que habría baile en casa de Floriano, donde se juntaban músicos que llegaban desde otras regiones para hacer retumbar estos montes con sus guitarras.

La Puntillita y *La Cañandonga* presentan rasgos eminentemente distintivos de las tradiciones y raíces campesinas en la cultura cubana, tanto por su formato sonoro-instrumental como por las historias que describen sus estrofas, las cuales hacen relucir la vida cotidiana de la campiña cubana. La música de estos bailes se interpreta en un compás de 2/4 y se utiliza en guateques campesinos. El instrumento predominante es el «tres», acompañado por guitarra, marímbula, bongos de monte, además del guayo, las maracas y las claves.

El paso en los bailes tradicionales de *La Cañandonga* se ejecuta al compás de la música. Las piernas hacen una pequeña flexión y se mantienen durante todo el baile. Se comienza saliendo con el pie derecho a pie plano, luego se alterna con el pie izquierdo, y así sucesivamente. No tiene vueltas de pareja, es de coreografía libre y espontánea, protagonizada por improvisaciones bailables. De esta forma, lo describe la estudiosa Consuelo Duportay Moya en su artículo publicado en el sitio web Cubarte.

La Puntillita presenta elementos propios; cuando el talón baja sin tocar el piso, se realiza un brinquito como si se tuviera una puntilla en el zapato. Luego se alterna con el pie izquierdo y así sucesivamente. Tiene vueltas de parejas, sobre todo, por debajo del brazo del hombre, siendo el tres (Patrimonio Cultural de la Nación) el encargado de matizar los espacios libres.

Puntillita mamá puntillita
El zapatico te aprieta
Ve, llévalo al zapatero
Y que te ponga otro punto
O te devuelva el dinero.
Puntillita mamá puntillita
Yo no como bacalao
Porque tiene mucha espina
El son de la puntillita
Se baila con disciplina.
Puntillita mamá puntillita

Por su parte, *La Cañandonga* decía así:

> *Cañandonga me subo y te corto un gajo.*
> *Cañandonga me bajo y te corto un pie.*
> *Cañandonga me voy a casar contigo.*
> *Cañandonga, te voy a cortar un gajo.*
> *Cañandonga, un gajo de los mejores.*
> *Cañandonga, me voy a casar con ella.*
> *Cañandonga, antes que cumpla la edad.*
> *Cañandonga, para recoger las flores.*
> *Cañandonga, chiquitas de reseda.*

Sin lugar a duda, y me atrevo a decir que, por sus matices y formato musical, *La Puntillita* y *La Cañandonga* forman parte indiscutible de las raíces de ese género musical bailable tan importante e identitario que es el son cubano. Además, según el gran Sindio Garay, fue el músico Nené Manfugás quien llevó en 1890 el tres desde estas zonas montañosas de la entonces región de Baracoa a Santiago de Cuba, extendiéndose luego por todo el país. Por su parte, Efraín Amador, gran estudioso de este instrumento e impulsor de su enseñanza en importantes centros académicos, considera que el tres debe haber existido desde mucho antes, posiblemente con otro nombre.

Tal vez no fue en estas tierras jauqueras exactamente donde nació el tres; no tengo la certeza. Pero de lo que sí estoy bien seguro y convencido es que se utilizó aquí desde hace muchísimos años, incluso antes de que el resto de Cuba lo conociera. Desde aquí, desde La Tinta de Jauco, se ha hecho un significativo aporte a la música cubana, al que no se le ha dado el debido tratamiento que un hecho tan relevante merece.

No podemos hablar de un presente, y mucho menos de un futuro, si no hablamos con claridad del pasado. La región de La Tinta de Jauco, con su *Puntillita* y *La Cañandonga*, merece figurar en el lugar que les corresponde en el pentagrama musical cubano, ser reconocidas como las verdaderas joyas musicales que son y ser mostradas al mundo. El desconocimiento de estas podría conllevar a su olvido, y su olvido las condenaría a desaparecer.

Si esto sucediera, seríamos muy culpables nosotros, los tinteros, pero también todas las organizaciones e instituciones culturales de Cuba, que, aun conociendo lo importante de estas, han ignorado prácticamente lo que representan y las han privado del reconocimiento que merecen. Esto es especialmente relevante teniendo en cuenta que estos músicos de La Tinta de Jauco parieron dos géneros musicales que antecedieron y nutrieron de forma directa las primeras células que dieron como fruto, años más tarde, el son cubano.

Siempre quise hacer algo como esto, y una de las principales razones por las que he escrito este libro es luchar de alguna forma por devolver a mi pueblo de La Tinta de Jauco muchos elementos que le pertenecen y que prácticamente se han desaparecido, otros seguramente robados. En ese grupo no dejaré entrar ni a *La Puntillita* ni a *La Cañandonga*, por lo menos no mientras pueda luchar.

Pero somos nosotros los principales responsables de todo lo que no tenemos; somos nosotros los que nos hemos dejado quitar de forma tan fácil los elementos más importantes de nuestra idiosincrasia y nuestra tierra. Desde años remotos siempre ha sido así, desde que se llevaron nuestra jicotea, desde que un asesino de historia e identidad serruchó y arrancó un cemí de su base y se lo llevó al extranjero, el alma de nuestro Maisí.

Gracias, y agradezco en este libro al proyecto cultural infantil Arcoíris, de Chafarinas en el municipio Maisí; al conjunto de música tradicional Inspiración Turquino y al proyecto Raíces de Sabana, por su trabajo en la conservación, reconocimiento y promoción de *La Puntillita* y *La Cañandonga*.

Su trabajo es maravilloso y digno de admirar a grandes niveles; están llevando consigo unos valiosos elementos de nuestra cultura y haciéndolos trascender para que perduren en el tiempo. Creo que la principal tarea de un artista es dejar una marca que se recuerde por siempre, y creo que los artistas que son capaces de conseguir cosas como esas merecen todos los premios y reconocimientos del mundo.

Yo no tengo la capacidad ni la autoridad de darles esos premios; ojalá que los responsables sí lo hagan. Pero sí tengo la autoridad absoluta de darles el espacio que merecen en mi libro y el agradecimiento de un pueblo entero.

Capítulo II
Misterios, mitos, supersticiones, creencias, tradiciones y verdades de La Tinta de Jauco

Las tertulias familiares

Es muy común que, en los pueblos rurales y campos, no solo de Cuba, sean las historias y anécdotas las responsables del conocimiento del pasado, transmitido de generación en generación, de abuelos a nietos y de padres a hijos. A esa tradición que encierra mitos y leyendas debemos mucho de lo que hoy conocemos de nuestra historia y nuestros antepasados, incluso de aquellas historias que no se mencionan en ningún libro y no por eso son menos importantes.

Antes (una palabra que siempre me dio curiosidad y me motivó a preguntar más), cuando no había electricidad, ni televisión, ni mucho menos teléfonos celulares o internet, y cuando eran los radios los protagonistas de buena parte del tiempo de ocio de los tinteros, existían entonces otras formas en las que las familias pasaban horas y horas entretenidas e hipnotizadas con las historias y los cuentos.

Las tertulias familiares eran el escenario habitual donde en cualquier momento un cuento salía a relucir, generando momentos jocosos. Pero sin dudas, eran las tardes noches, cuando la luz de los quinqués, candiles o mechones brillaban en las casitas, y cuando las gallinas se iban a dormir, que aparecía la magia de aquel instante, cuando las historias brotaban del saber de los ancianos.

Los hijos atentos y los nietos emocionados escuchaban cómo era la vida antes de aquel momento. Sin dudas, habría dado mucho por escuchar a mi bisabuelo o a mi tatarabuelo; tantas cosas les habría querido preguntar.

Los cuentos de las brujas eran mis preferidos, y cierto tío convertía en personajes malvados a los vecinos y familiares para ilustrarme de forma más realista aquellas historias de cómo las brujas volaban con escobas de palma bajo sus brazos, pegadas con excremento de gallinas. Ese mismo tío Roger, en más de una ocasión, intentó pegarnos las escobas de palma en las axilas con excremento de gallina, haciéndonos saber que era la blandita y verdosa la que mejor pegaba.

Las historias de las luces que aparecían en lo remoto del monte, o de las apariciones de seres espectrales, como mujeres vestidas de blanco o niños con dientes tan grandes que se salían de la boca, que se les aparecían a los jinetes en sus andanzas a altas horas de la noche, eran las más tenebrosas. Escuchando estas historias, pasaba horas tanto en la casa de mi abuela Nena, Ana Celia Columbie, y mi abuelo Rolando Rodríguez, junto a mi tío Roly, como también entre mis abuelos paternos, Oscar Guilarte y Eve Ferrer.

También era muy común escuchar las historias que muchos afirman ser reales, de un enorme pájaro al que llamaban la Ciguapa, que tenía pies como de persona, pero de forma invertida, con el calcañal al frente y los dedos atrás, y que se robaba a los niños para comérselos en una lejana cueva.

Otras eran más divertidas, como aquella del muchacho que, cuando bajaba por primera vez a visitar el pueblo de La Tinta, encontró a dos vecinos discutiendo en medio del camino por una puerca y unos sembrados. Allí se dijeron palabras que, para él, entonces bisoño, eran terribles; tan así que el pobre inocente se devolvió a su casa y no llegó a hacer su encomienda en el pueblo. Ese día no se hicieron las compras de los Matos de La Olla.

Así, cada tarde, la familia esperaba ese momento de reunión para preguntar y saber más; se creaba una adicción al pasado que, sin dudas, ayudaba a comprender el presente que se vivía. Es por eso que se podía saber cómo fueron los primeros jauqueros. Las risas daban sonido a la humildad de cada hogar; se vivía humildemente, pero se era feliz, y muchos no lo sabían, así me dijo un día alguien de quien aprendí mucho.

Esas eran las tertulias familiares, las que se han ido perdiendo, y con ellas se han desvanecido muchas historias; otras ya se perdieron, pero todavía tenemos tiempo de salvar algunas. Es nuestro compromiso y nuestra responsabilidad hacia nuestros hijos y nietos, para los que posiblemente no lleguen a conocer el nombre de sus bisabuelos. Gracias a estas historias y a la dicha que me dio Dios de conocer a mis bisabuelos, Cecilio Lobaina y María Alba, a mis abuelos y a mis tíos, conocí muchas de estas historias que guardé en mi memoria con todos sus detalles.

Existió en La Tinta de Jauco un hombre cuyos resúmenes fueron de gran importancia también para mí. En las dos veces que pude conversar con él, creo que todavía no había comprendido la estima del hombre que tenía enfrente, Fermín Rodríguez, historiador por excelencia de este pueblo, quien se había dado la tarea de recopilar cada detalle importante, cada acontecimiento, cada recorte de periódico o revista, y cada nombre o fecha que tuviera algún vínculo con La Tinta de Jauco. También será recordado el cuentero mayor, Ibrahim Montero, por sus historias, anécdotas y aquella risa contagiosa que cerraba con broche de oro cada uno de sus cuentos.

Es por eso la importancia de conversar con nuestros hijos y nuestra responsabilidad de escuchar a nuestros padres y abuelos. Es nuestra responsabilidad con nuestra historia y cultura local; es nuestra responsabilidad con La Tinta de Jauco, y es nuestra responsabilidad con nuestro pasado, nuestro presente y nuestro futuro.

Los empachos y los sobadores

¡Ay, mi madre! Ja, ja, ja, este es un tema que me identifica muy personalmente, porque si hubo alguien que de pequeño vivió *empachao*, ese era yo. Bueno, también debo decir que mi apetito era voraz, eso también es cierto, ja, ja, ja. Aunque vamos a ser francos, ¿quién se puede resistir a un pellejito de puerco asado bien tostadito? Esos son los más propensos a pegarse en el estómago. Pero bueno, sigamos con el tema que no es de mí del que estamos hablando.

En La Tinta de Jauco, los empachos forman parte de los padecimientos más comunes en los niños, aunque los adultos no se quedan exentos. Según los viejos de antes, los empachos son como una especie de bola de comida que se pega en el estómago; aunque hasta de agua uno se puede empachar, y esos son los peores. En ese momento en que uno se empacha, llegan muchos síntomas, entre los que resaltan las fiebres, la falta de apetito, dolor de cabeza, mareos, escalofríos, y hay hasta quien se retuerce y se engarrota, como decimos aquí.

Incluso los médicos, en ocasiones, desafiando el conocimiento y las reglas dictadas por la medicina, cuando se encuentran frente a algún paciente con ciertos síntomas, consideran la posibilidad de un empacho. Sé que para algunos incrédulos «eso» lo denominan mala digestión, y puede ser cierto, pero también es cierto que el empacho existe y que los sobadores tenían y tienen la habilidad y el misterioso conocimiento de curarlo.

Los sobadores tienen muchas formas de cortar el empacho. Hay quienes lo hacen usando una toalla, otros mediante un rezo u oración sobre la barriga y el estómago (abdomen), y otros pasando las manos sobre las pantorrillas, o más bien desgarrando las pantorrillas con unos masajes que llegan al alma. Se suaviza la piel con alguna crema o hasta con un poquito de aceite de cocina, hasta que el bulto se va deshaciendo. Luego te traqueaban los dedos, tres tragos de agua, tres brincos y algún purgante. Debo decir que, si funciona, después de este ritual, los síntomas del empacho comenzaban a disminuir.

En La Tinta de Jauco existieron y todavía existen grandes sobadores que han puesto sus manos sobre generaciones de tinteros, arrancando empachos y aliviando no solo aquellas dolencias, sino también trayendo paz y tranquilidad a las familias desesperadas que muchas veces habían agotado hasta el último recurso, incluso la medicina.

En esta enorme lista de sobadores, debo dejar plasmado el reconocido nombre de Graciolo, a quien yo de pequeño llamaba a gritos en medio de mis empachos y que visitó infinitas familias, no solo cortando empachos, sino también tratando secas, disípelas o erisipelas (linfangitis), ojo de peje (ojo de pescado) y otras de estas misteriosas enfermedades que, aunque tengan su explicación médica, también tienen un vínculo con lo místico.

Yo doy fe de ello, y no solo por los empachos. Recuerdo una vez, mientras estaba cursando el preuniversitario, que me salió un ojo de peje en la parte superior de la muñeca izquierda. Se me puso muy feo y grande porque yo me lo *cuquié*. Como era costumbre, Graciolo, que vivía en El Rincón, aprovechó que bajó a la tienda y se llegó de un saltico a mi casa.

Con mucha solemnidad se acercó a mí, me cogió la mano, miró el ojo de peje y me dijo: «Tráigame unos palitos de penca de coco y un pedacito de hilo». Rápidamente lo hice. Hizo tres cruces con los palitos, las amarró con el hilo, y luego, con cada una de ellas, hizo una oración sobre el ojo de peje. Fue muy bajito; no llegué a escuchar ni una sola palabra.

Luego que terminó, me dijo: «Vaya y entierre estas tres crucecitas en un lugar fangoso, y así, mientras se vayan pudriendo las tres cruces, el ojo de peje se va a ir poniendo chiquito hasta que desaparezca». Y fue exactamente lo que sucedió, sin marca ni vestigios de que hubiese tenido algo así en mi muñeca.

Pero no fue solo Graciolo el que poseía tanto conocimiento y misterio; a esa lista puedo incluir a Gango, Josefina, Irailda, Lilio,

Virginia de Cagüeyva y otros que, en cada barrio y comunidad de La Tinta de Jauco, han dejado una historia y una marca que corrobora todo lo que aquí he escrito.

Tal vez para muchos estas sean solo supersticiones o ideas que se hacen los guajiros por la ignorancia o el desconocimiento, pero tengo los argumentos necesarios para mostrar que los empachos son ciertos y que los sobadores lo quitan. No lo hago solo por mi experiencia personal, sino por toda la historia y todas esas anécdotas que tienen todos los que vivimos en La Tinta de Jauco y otros que, aunque no son de estos rumbos, han vivido en carne propia esta fantástica pero real experiencia.

Aunque muchos no lo crean o no lo vean desde ese punto de vista, los sobadores son hombres y mujeres que encierran un conocimiento misterioso y místico que ha formado parte indispensable de nuestra sociedad, más aún, de los campos de Cuba. Cuando médico, medicinas y hospital eran palabras que no se conocían en estos lares, eran estos seres de esperanza quienes curaban; eran las parteras las que ayudaban a traer al mundo a muchos niños.

Todo esto es indispensable a la hora de hablar de nosotros; todo esto merece ser recordado al escribir nuestra historia, sin omitir detalles. Lo necesitamos, forma parte de nosotros: somos eso, historias y misterios, tradiciones y cultura. Somos la serranía y los habitantes de ella, y los que conocemos a detalle toda su magia; eso no lo podemos olvidar.

Los velorios

Sin dudas, la muerte de un familiar o conocido constituye uno de los procesos más dolorosos que el ser humano tiene que atravesar, por todo el sufrimiento que esto trae consigo. La soledad y la depresión son algunos de los factores que atentan contra la salud física y mental de cada individuo.

En La Tinta de Jauco, los velorios, aunque no dejan de ser uno de los momentos más tristes para el barrio, tienen una connotación social especial, tanto para la familia del fallecido como para la comunidad en general. Aquí todos nos consideramos familia y siempre estamos prestos a dar nuestro apoyo en un momento de tanta desesperación. He decidido escribir sobre los velorios porque, aquí, son más que el momento en que se da el último adiós a los seres queridos que pasarán a la eternidad.

En La Tinta de Jauco, los velorios son también el momento en que toda la localidad hace a un lado todo: trabajo, casa, actividades de recreo y planes, para asistir y dar su apoyo a esa familia que ha perdido a alguien.

Todo comienza, claro, con la muerte de la persona. Luego, en medio del desesperante momento, alguien de la familia avisa a un vecino, y este se da la tarea de ir avisando casa por casa, dejando saber la noticia a todos. Inmediatamente comienzan a aparecer las personas; lo primero es, entre lágrimas, dar el pésame, ofrecerse para cualquier ayuda y, seguidamente, se pasa una lista para ver si hay alguien que falta y saber si se le ha avisado.

Así se va avisando y llegan personas a la casa del fallecido. Antes, cuando no teníamos comunicación telefónica, se avisaba a otros lugares por la plantica (*walkie talkie*) de La Tinta, hasta Maisí y Baracoa, desde donde alguien hacía las llamadas a los lejanos familiares en toda Cuba y el extranjero. Más atrás en el tiempo, la comunicación se realizaba a través de cartas, y como todos sabemos, al llegar la carta ya habían pasado días, incluso meses, del deceso.

Así se va conformando un equipo de apoyo para la familia: algún encargado para la cocina, otro para servir a las personas, alguien para estar pendiente de quienes están llegando y que deben ser atendidos. Se van delegando las actividades para aliviar la carga de la familia, que, hundida en el dolor, no puede estar pendiente de estos asuntos, aunque siempre algún familiar tiene la ecuanimidad necesaria para estar atento a muchas cosas.

Aquí es costumbre ofrecer un trago de café, y por supuesto, en los velorios no falta, debido a que muchas veces estos desafortunados eventos suceden en la madrugada. Es muy conveniente el café, dadas sus propiedades energéticas provenientes de la cafeína, pero no solo por esto, sino también por nuestra cultura. Aquí se cocina en grandes cantidades para todos los presentes; dependiendo del horario, se brinda el desayuno, almuerzo y comida, además de meriendas intermedias. Se mata un puerco y se hace un fricasé o un arroz con carne. Sí, parecerá extraño, pero así son los velorios aquí.

En muchas ocasiones, el fallecido se encuentra con los ojos abiertos, y para lograr mantenerlos cerrados se ha utilizado incluso la mancha de guineo (banano), una sustancia viscosa y pegajosa que verdaderamente los mantiene así. Bajo escenas de llanto y gritos, amigos y familiares que van llegando saludan a los familiares del fallecido.

A muchas, principalmente a las mujeres, les dan *malesas*, desmayos inesperados antecedidos por grandes gritos provocados por la situación (muchos lo denominan ataques de histeria), para lo cual, en muchas ocasiones, se queman plumas de gallina y se pasan por la nariz para ayudar a que la persona vuelva en sí.

También es costumbre poner medias en las manos de los difuntos, esto con el objetivo de que los pequeños huesecillos de la mano no terminen perdiéndose a la hora de sacar los restos. Otros ponen una prenda de vestir del familiar más amado por el difunto, para evitar que este se lo quiera llevar con él.

De esta forma, continúan llegando personas con ramos y coronas de flores, mostrando su empatía y dolor. Pasan las horas en el velorio, que por lo general dura 24 horas, en otros casos hasta dos días. Aunque no deja de ser doloroso y triste, trae consigo pinceladas positivas también, como por ejemplo el reencuentro de toda la familia, los amigos que desde la niñez no se veían, los primos que se conocen y situaciones que, en medio del dolor, dejan florecer recuerdos lindos.

Para muchos aquí, los velorios son los únicos momentos en los que toda la familia se reúne, y esto no deja de ser cierto.

Pueden celebrar cumpleaños, pueden nacer niños, pueden realizarse bodas, graduaciones o cualquier evento importante, pero siempre, siempre, para todos estos existen excusas que evitan que toda la familia se reúna. Sin duda, son los velorios, lastimosamente, los que tienen el poder de reunir a toda la familia, ya cuando no hay solución y cuando la felicidad no es opción.

También es común encontrar uno que otro contador de historias que, de forma muy sutil, hace reír a algunos presentes. Yo personalmente conozco a unos cuantos, a los que muchos hasta evitan para no tener que pasar por los vergonzosos momentos en los que algún familiar del muerto les sorprende con una sonrisa esbozada en el rostro. Hay otros que se dedican a delatar a los que se van temprano o a los que no amanecen en los velorios, y hay otros rostros que, como se dice aquí, son «punto fijo»; nunca faltan y siempre están ahí «cumpliendo» (término que se usa para dejar en claro que se ha ido al velorio).

Bueno, continúo. Luego de que se fija la hora en la que se sacará el entierro, toda la multitud se reúne, y en un orden bien estructurado comienza el desfile. Primero, el auto en el que se traslada el cadáver (carro fúnebre); aquí puede ser lo mismo un carro fúnebre que un tractor, un camión o lo que esté a disposición en ese momento. Luego siguen los familiares y las personas que llevan las flores y las coronas, continúa la multitud y, por último, los jinetes en sus caballos.

En ocasiones, también hay filas de automóviles, esto de acuerdo al grado jerárquico de la familia o al reconocimiento del fallecido. Sí, eso, hasta en los entierros se nota; algunos van acompañados de una gran multitud y otros de unos pocos; el ser humano y sus problemas. Recuerdo que mi bisabuela María nos apartaba de puertas y ventanas y hacía que mi madre cerrara todo para cuando pasara el entierro, y rápidamente se persignaba.

Así son los velorios en La Tinta de Jauco, un lugar donde no hay funeraria, donde se velan a los muertos en las casas, y donde se guarda luto a los fallecidos en todo el barrio. Más allá del significado de la palabra, se guarda luto no solo por el fallecido, sino por respeto a la vida misma y a lo que esa persona significaba. Los televisores no se ponen o se ponen bajitos, mucho menos se pone música, y en otras ocasiones se cancelan celebraciones. Eso somos: un barrio en el que nos queremos y en el que la solidaridad nos mueve.

Aquí los velorios no son solo un frívolo suceso para una familia devastada por la muerte de un ser querido; aquí son también el momento en el que todos acompañamos y compartimos el dolor, para así hacerlo menos pesado y más llevadero.

Las hamacas

Las hamacas son una red que, colgada por los extremos en dos árboles o cosas semejantes, sirve de cama y existen mucho antes de que los colonizadores llegaran a América. Han sido usadas por marineros, pescadores y todos los que llevan una vida en lugares lejanos de la civilización. El origen de la palabra «hamaca» proviene del taíno, que significa 'red para peces', y llega así hasta nuestros días. Pero en La Tinta de Jauco, las hamacas tienen un significado más especial, un significado que está unido a la sensibilidad humana y la valentía.

En casa de mis abuelos maternos siempre había una hamaca colgada en uno de los ranchos; mi abuelo y mi tío la usaban para descansar al mediodía luego de bajar del campo a almorzar. También los muchachos nos mecíamos, y muchos nos caímos y nos rompimos la boca y la frente. Otros atrevidos que desafiaban a mi abuela se arriesgaban a hacerse daño en la hamaca igualmente.

Pero no es esa la razón fundamental por la que las hamacas tienen un significado especial para La Tinta de Jauco, sino por la invaluable ayuda que han brindado a lo largo de nuestra historia para salvar vidas. Convertidas en medios de transporte en estas serranías, puestas en los hombros, con una vara de bambú u otra planta, bajaban hasta el policlínico de La Tinta auxiliando a tiempo a un enfermo.

Sudados y sofocados, llegaban estos guerreros quienes traían sobre sus hombros la salud y la posibilidad de sobrevivir de una persona. Primero llegaba alguien corriendo para avisar en el policlínico de La Tinta que desde algún lugar venía una hamaca. Inmediatamente, médicos y enfermeras se disponían a recibir a aquella patrulla de gente, que venía acompañando la hamaca para intercambiar y poder ayudar, sino se reventaban con la prisa y el peso de la hamaca.

Aquí no teníamos ambulancias, y aunque las tuviésemos, no entrarían a los intrincados caseríos de estos lugares. Así que las hamacas eran nuestras ambulancias, y aquellos hombres, los paramédicos que, en más de una ocasión, vieron frustrados sus esfuerzos al ver cómo moría alguien sobre sus hombros o al llegar a La Tinta de Jauco, cuando ya era demasiado tarde. Pero sin dudas, fueron quienes ayudaron a salvar muchas vidas.

En los hombros de verdaderos superhéroes llegaban hasta Baracoa o Maisí las hamacas (trayectos de más de 20 kilómetros, respectivamente), cargando consigo el valioso precio de la vida humana. Los vecinos de los poblados de Veguitas o Capiro, en más de una ocasión, sirvieron de relevos para los agotados tinteros que no desmayaban en su empeño de llegar hasta Baracoa con el enfermo. Son lazos que nos unen y que no se olvidan jamás.

Desde mujeres de parto hasta heridos graves, han desfilado por estos estrechos y angostos trillos en hamacas heroicas a las que debemos mucho, y a las que no dejaría de mencionar en este libro porque marcaron mi infancia de forma especial y a las que muchos deben, en buena medida, su vida.

Los rezos y los altares

Todos conocemos con exactitud que, aunque los primeros habitantes de la isla eran los indios o los aborígenes, quienes tenían su propia cultura y religión, fue la religión católica introducida por los europeos la que se arraigó con más fuerza en nuestra isla, y cómo es de esperar, La Tinta de Jauco forma parte de esto.

Por su cercanía a Baracoa, la primera villa fundada el 15 de agosto de 1511 por los españoles en Cuba, Jauco, desde sus inicios, se vio influenciada por la religión católica. Tan así que uno de sus primeros habitantes, el italiano florentino Francisco Gaita, católico de cuna, trajo consigo una cruz, la cual colocó en uno de los horcones que sostenían su hamaca y donde se persignaba cada mañana. Así lo describió el Dr. Luis Montané. Además, en 1855 se colocó una cruz de parra en el pueblo.

Desde aquí en adelante, Jauco se fue desarrollando, y la religión predominante era la católica, pero no se tiene registro de que alguna vez existiera un templo católico en este lugar. Aunque, como mencioné anteriormente, por la marcada forma en que los europeos diseñaban sus pueblos, ciudades y villas, la iglesia siempre estaba presente, o al menos la cruz.

Fueron transcurriendo los años, y al no tener el pueblo un líder católico, es decir, un padre o un párroco, los feligreses de aquí, en defensa de su fe, tomaron las riendas de la situación y se dispusieron a ser ellos mismos quienes hicieran las misas, las actividades y todos los procedimientos religiosos que estaban necesitando.

Aprendieron a rezar, a bautizar, a hacer altares a la Virgen de la Caridad del Cobre y a otros santos, y así se fue implementando en Jauco un método adyacente a la iglesia católica, ya que, sin ninguna formación académica o teológica, estas personas eran quienes dirigían las actividades.

Principalmente, las que más se desarrollaban por aquí fueron los rezos a los difuntos, los bautizos a los recién nacidos y los altares a la Virgen de la Caridad del Cobre. Fue así como llegaron hasta nuestros días estas costumbres, conocidas como rezos, bautizos y altares.

Los rezos, un poco más metódicos y solemnes, tienen como protagonista al difunto, claro está, pues es a él o ella a quienes se les están dedicando los rezos, rogando a Dios y a la Virgen de la Caridad por el descanso eterno del alma del fallecido.

Una persona experimentada y con amplio conocimiento de estos rezos dirige la celebración, y el grupo de rezadores le apoya en unión a los presentes. Es imposible dejar de mencionar en esta parte al entrañable Carlos Manuel Matos, uno de los rezadores más famosos y queridos de toda nuestra tierra, quien se encargó de formar a otros que han tenido que asumir la responsabilidad de esto para continuar con la tradición.

Cuando se organiza un rezo a un difunto, estamos hablando de una gran conmemoración, no solo por el respeto que se le tiene al fallecido y a su familia, ni tampoco por querer acompañar en el dolor que la pérdida de un familiar conlleva y que un momento como este requiere, sino, además, por el grado significativo y religioso que constituye el rezo, y diría yo que hasta tradicional.

Desde los lugares más distantes se mueven las personas y se dirigen hacia el lugar donde se va a realizar el rezo; es muy parecido a lo que describí en el libro cuando me referí a los velorios. Se reúne una gran multitud de vecinos y familiares acompañando el momento, y a todos ellos se les provee de desayuno, almuerzo o merienda, de acuerdo con el horario del día.

Al final, todos los presentes desfilan con las flores dedicadas al fallecido hasta el cementerio. Se les reza a los difuntos a los nueve días, a los tres meses y al cabo del año; estas fechas son inquebrantables, a menos que sea por motivos excepcionales.

Los altares

Por otra parte, los altares tienen una connotación un poco más alegre, aunque no dejan de ser solemnes. Los altares tienen distintos motivos, ya sea por cumplir una promesa debido a una enfermedad en un familiar o en uno mismo, por un viaje, una situación, un resultado positivo, o simplemente por agradecimiento o veneración a la Virgen de la Caridad del Cobre, Patrona de Cuba.

Todo comienza a partir de que se fija una fecha para el altar, y la persona que lo va a hacer se convierte en anfitrión de una enorme congregación, ya que recibirá en su hogar a todas las personas que vendrán para hacerle compañía en este momento.

Se les manda avisos a los cantadores de altares, hombres y mujeres de habilidad innata para la improvisación, y así se va regando la bola por todo el barrio y los alrededores. A la caída de la tarde del día señalado, comienza a llegar la gente.

Al llegar a la casa, después de la cálida bienvenida que les dará el anfitrión, les espera un hermoso altar de color blanco y escalonado, decorado de forma sencilla pero deslumbrante, por las flores, las velas, las imágenes de santos, del Sagrado Corazón y de los adornos que denotan que será allí donde todos lleguen a dar gracias y donde también disputarán una paloma y un barco, los dos trofeos más apreciados de esta contienda de cantantes, quienes durante toda la noche estarán improvisando y dedicando sus mejores décimas a la imagen sagrada de la Virgen de la Caridad del Cobre y a otros santos.

Todos los asistentes estarán alrededor, mirando cómo estas personas improvisan unos contra otros, siempre dentro del marco del respeto y sin olvidar el carácter religioso de la actividad. Norma Matos, hija de Carlos Manuel Matos, y a quien quiero con mucho cariño, de niño me enseñó esta canción:

Virgen de la Caridad, dónde te tienen metida,
en un cuadro de cristal, siendo tú mi preferida.

Siempre recuerdo que traté de entonarla cuando tuve la oportunidad de ir con tío Rolandito y Magali, la esposa de Socorro, a un altar en La Olla. Recuerdo lo colorido del lugar y la multitud que había allí, dispersa en un secadero y un rancho, envueltos en un ambiente festivo y alegre, pero que no se apartaba de lo respetuoso de la celebración.

Aunque siempre suceden situaciones que le roncan, así es la vida, y hay veces que las cosas se pueden salir de control. Ejemplo de ello lo supe por mi querida amiga Anaida, esposa del entrañable Eliades Pérez, ya fallecido. Me contó que por estos rumbos se realizó un altar, y en la contienda de improvisadores hubo dos que resaltaron; de uno no recuerdo el nombre, pero del otro, llamado Nicolás, jamás podré olvidarlo.

Sucedió que, en medio de la batalla de décimas y canciones, y en el fervor del altar, el contrincante de Nicolás le cantó así:

Recuérdate, Nicolás, que, en el altar de Caleta,
te robaste un colador que había puesto en una orqueta.

Inmediatamente se formó un juego e' piñazo y aquello terminó como la fiesta del *guatao*. Pero igual de perturbador e inapropiado son acontecimientos que forman parte de nuestra historia, tradición e identidad religiosa, y que convierten a los altares en uno de los momentos más hermosos que la religión católica dejó en nuestra población, denotando lo vivas de su práctica.

El mal de ojo

El mal de ojo es un tema bastante polémico; unos afirman que es cierto, otros dicen que son supersticiones y boberías de los viejos de antes. Lo que sí es cierto es que aquí casi todos, adultos y jóvenes, anduvieron con un azabache o unos ojitos de Santa Lucía colgados en sus ropitas de bebé.

«El mal de ojo es muy común en los niños pequeños; de tanto alabarlos, elogiarlos y celebrarlos, les cae una cosa, un llanto y una majadería hasta que se *desmondingan*. Entonces hay que traer a alguien que sepa de eso para que santigüe al niño o la niña». Usan un gajito de albahaca, abrecaminos y otras planticas más que, cuando se termina el ritual, quedan todas mareadas; esto es señal de que han recogido el mal de ojo y todo lo malo.

Bueno, aquí se cuentan historias de niños que los han matado de un mal de ojo, por eso es tan recurrente ver a las familias de los recién nacidos atentas a que esto no suceda, y si sucede, rápidamente se hace lo que se tiene que hacer.

Pero no solamente esto les sucede a los niños; esto puede ocurrir con cualquier cosa que tú tengas y que alguien que no tenga muy buena vibra te lo alabe mucho. A los animales lindos también les cae mal de ojo, a los conucos y estancias, a las maticas bonitas; hasta un racimo de plátano terminó desgranado en el suelo a causa de una gente que lo anduvo elogiando por su hermosura.

Hay a quienes se les tildan de hacer mal de ojo; la gente hasta les huye y esconde las cosas más importantes cuando esa persona visita la casa. Y Dios libre que le enseñen un niño chiquito. Hacen marear las plantas y cosas inimaginables.

Recuerdo que una vez una persona elogió un cuadro en el que mi hermana y yo pasábamos y que estaba en la sala de mi casa; en ese mismo instante se zafó de la pared y se estrelló en el piso. Coincidencia o no, desde ese día, y por veredicto familiar, aquel cuadro lo tumbó el mal de ojo, y como esta, innumerables historias en las que eventos desafortunados son causados por el mal de ojo.

Yo verdaderamente creo que las malas miradas existen; lo dice la Biblia. Sé que para muchos el mal de ojo es un tema ligado a la brujería, la santería o, incluso, a lo que muchos escépticos denominan boberías de los viejos de antes. Boberías de antes o no, todos conocemos de la existencia del mal de ojo, y en La Tinta de Jauco muchos creen y se protegen de este. Tampoco podemos negar que hemos sido testigos del cambio de humor repentino que experimentan algunos bebés luego de ser santiguados.

También guarda mucha relación con el tema de las energías, y se dice que los niños y las plantas son los más propensos a recoger las malas energías. Aquí el mal de ojo existe, y lo aseguro porque, en pleno siglo XXI, es muy normal ver a los niños pequeños con estos objetos que son como bloqueadores del mal de ojo. Por eso existe, y pienso que existen las cosas en las que se cree; no existen aquellas cosas en las que nadie cree.

Los demochadores

Los deportes extremos son unas de las actividades con más descargas de adrenalina que se conocen, pero yo me atrevería a incluir en esa lista desmochar palmas. Tal vez para algunos esto no suene tan arriesgado y emocionante debido a que existen herramientas que hacen esta práctica más segura y menos desafiante. Sin embargo, recuerdo que les hablo basado en la vida rural de La Tinta de Jauco, y aquí no existen esas herramientas primermundistas para esta práctica; aquí se usa una soga con unos cuantos nudos y un par de timbales bien grandes.

Las palmas alcanzan los 25 metros de altura con facilidad, pero en muchas ocasiones llegan hasta los 40 metros, una altura considerable. En La Tinta de Jauco se usa mucho la palmicha (palmiche de la palma) para la alimentación de los puercos, puesto que esta frutilla es una importante fuente de grasas en la dieta de estos animales y, a su vez, según muchos, le adiciona un sabroso gusto a la carne. Lo mismo sucede con el coco.

Debido a otras causas y a esta principalmente, la cosecha de palmicha es muy común aquí. Para esto, nuestros asombrosos profesionales en la materia son los demochadores, hombres de gran destreza que son capaces de remontarse hasta el pimpollo de las palmas para hacerse de los racimos.

Amarrados por la cintura con una soga y utilizando una estratégica forma de atar esta al tronco de la palma, comienzan la escalada. Poco a poco, empieza a notarse el ascenso, hasta que se van perdiendo en la altura, donde el viento bate con fuerza y los mece como acróbatas de circo.

Con gran maestría, y una vez en la parte de los racimos, comienzan a serrucharlos por la base, luego lo atan al extremo de una soga y lo hacen descender hasta el suelo. Mientras el extremo que se encontraba en el suelo sube hasta el pimpollo, este es atado a otro racimo de palmicha, y así se repite el ciclo por unas cinco o seis veces generalmente, esto depende del número de racimos de palmicha que estén listos para ser cosechados.

Tal vez esto pueda parecer fácil para algunos osados, pero si a esto sumamos las complejas situaciones a las que muchas veces deben enfrentarse en esas alturas, creo que muy pocos se atreverían a tanto. A unos los han picado insectos, y aun así, soportando el dolor, deben continuar su labor; a otros los han sorprendido majases enroscados en los racimos y las pencas.

Además, deben lidiar con calambres, mareos, cólicos y un sinnúmero de percances, ya que a esa altura hay muy pocas opciones. Otros bajan arqueando por el insoportable hedor que causan los huevos de judíos al romperse, apretados entre los racimos, y no sé cuántas cosas más.

En La Tinta de Jauco hemos tenido muy buenos demochadores; de los más conocidos puedo mencionar a Gelasio, quien ya falleció, Diobin Cubilledo y el famoso Dima, aunque existen otros que son igualmente de gran valía para todos.

Desmochar palmas es una actividad que, más allá de su aspecto productivo, tiene un ángulo recreativo, dado que en muchas ocasiones los vecinos invierten su tiempo en ver estos verdaderos espectáculos de nuestras lomas, a los que el peligro hace un poco más excitantes. Luego de que ya tenemos al demochador en el suelo, se le hacen un par de preguntas, se le elogia el trabajo y, por supuesto, se le invita a un trago de café recién colado.

Si bien es cierto que aquí las opciones de recreo son limitadas con respecto a las ciudades, también es bien sabido que tenemos otras muy envidiadas, como el río y algunas actividades que solo se pueden realizar en el campo. Aunque rara vez llegan actividades circenses a nuestro pueblo, nosotros tenemos nuestros propios acróbatas, quienes desde el pimpollo de una palma realizan los más asombrosos malabares y no dudan en regalarnos un verdadero espectáculo.

Son los demochadores, nuestros artistas, quienes más cercanos están a las grandes descargas de adrenalina que el arte de demochar representa; por eso los admiramos, por eso son merecedores de una parte en mi libro y del reconocimiento de todos en La Tinta de Jauco.

Los cobijadores y las cobijas

En las comunidades de La Tinta de Jauco es muy común encontrar casas de guano, como pinceladas de la tradición del bohío en nuestras lomas, la que se ha mantenido latente hasta hoy. Las casas de guano se cobijan con regularidad, dependiendo de su antigüedad; hay algunas que son capaces de mantenerse en perfectas condiciones por más de cincuenta años, y se ha comprobado que son más resistentes a los ciclones tropicales que afectan frecuentemente a toda Cuba. La cobija de la casa puede hacerse con guano de palma, coco y, en algunos casos, de cana, nombre científico: *Sabal domingensis* Becc.

Recuerdo con mucha melancolía el ranchito en la finca de mi familia, donde se reunían los recogedores de café para almorzar en muchas ocasiones, y donde viví las noches buenas guajiras más hermosas que se puedan disfrutar. Este ranchito, como cariñosamente le decíamos, por sus pequeñas proporciones, era de guano también, y en él se escondían colonias de alacranes que muchas veces caían en la cabeza o la espalda de nosotros mientras jugábamos. Recuerdo que, en más de una ocasión, en la que se estaba cobijando el ranchito, mi tío Rolandito nos alertaba a estar al tanto, ya que en las pencas que se iban sustituyendo por nuevas caían los alacranes preparados para atacar.

Las cobijas, como se conocen aquí, son todo un evento montuno que comienza con la recolección de las pencas de coco o palma, juntándose en grandes paquetes. Así se recolecta mucho guano, dependiendo del tamaño de la casa o rancho al que se vaya a cobijar. Una vez que ese guano recolectado está sazonado (alcanza el punto específico para ser manipulado), se determina un día para dar inicio a la cobija. Se avisa a los cobijadores más experimentados y a todo el que quiera participar en la cobija del vecino. Ese día parece más una fiesta que un trabajo, ya que esta labor adopta un perfil celebrativo.

Las mujeres, en la cocina, preparando el café y la comida criolla que le brindarán a los cobijadores; otras, haciendo cuentos y riendo cerca de los hombres que, desde el caballete (extremo más alto del tejado de la casa de guano), improvisan algunas décimas o se tiran un jocoso cuento, o un cuento *colorao*. Estos cuentos, con un grado de picardía un poco elevado, son una parte celosamente protegida por los adultos, debido a que por ningún concepto los niños deben escucharlos; aquí se conserva la inocencia infantil a toda costa.

La botella de ron o de chipa e' tren, aguardiente elaborada por ellos mismos, que también se conoce como calambuco, fabricado bajo un largo proceso de destilación con métodos increíbles, muchas veces usando como base el alcohol de noventa grados, va pasando de mano en mano y calentando el ambiente.

Y si de repente hay algún momento de pereza, el cobijador grita desde el caballete: «¡Venga guano, caballero, venga guano, que estoy en el caballete y hay que acabar temprano!». Asimismo, lo recoge una de las canciones del emblemático dúo Los Compadres, donde se describe claramente este evento guajiro.

Las hojas de guano se van amarrando con maneas, o pitas, faldas de yagua, o tiras de yagua que, humedecidas para darle más flexibilidad, ofrecen gran resistencia al esqueleto de cujes, varas delgadas a las que se va atando penca por penca y una por una, con una forma específica que las fija firmemente, y apretándolas para evitar que el agua pueda filtrar al llover. Se comienza a cobijar desde el borde inferior del techo de la casa, colocando capas sobre capas hasta llegar al final, el caballete, que es la unión entre las dos bandas o partes del techo completo.

El caballete se cubre con yaguas, el tejido fibroso que envuelve la parte superior y más tierna del tronco de la palma, y así queda cobijada toda la casa del afortunado guajiro, quien, más allá de recibir el apoyo de sus vecinos, recibe la dicha también de quien puede dormir bajo una casita recién cobijada, mirando la obra de arte que, desde el interior, muestra la hermosa forma en la que quedó atado el guano, semejante a un mosaico decorativo.

Esos son los cobijadores y las cobijas en La Tinta de Jauco, y en todas las serranías de nuestro municipio y de toda Cuba: un hermoso suceso que capta la atención de todos, convirtiéndose en un momento que va más allá del mero hecho de ayudar. Es un espacio de tiempo en el que se aprovecha para juntarse a disfrutar de la hermosa simpleza de nuestras vidas, que, aunque esté muy distante del lujo y del creciente desarrollo moderno, muestra la felicidad que reside en la humildad y de la que solo los humildes podemos disfrutar.

Esta práctica está presente por toda Cuba, incluso reflejándose en lujosos hoteles y restaurantes cobijados de guano, mostrando así lo más exquisito y auténtico de las tradiciones de nuestros campos cubanos.

Las giras en la playa o el río

Muy nuestras son también las famosas «giras», que captan la atención de locales y foráneos. Todos los tinteros o jauqueros han tenido la experiencia de vivir en carne propia la sensación de un día o dos de gira. Estas resultan ser una de las actividades más comunes y practicadas por la población de La Tinta de Jauco, pero principalmente por los jóvenes, quienes no dudan en reunirse a disfrutar de sus grandes ríos, en una gira *inventá* (improvisada) y pidiéndole a Cacha que les deje sacar un cable con corriente desde su casa para poner la música.

Yo soy muy *girero*, y es algo hereditario por parte de mi familia materna, «Los Rodríguez», ¡qué gentecita más *girera* esa, concho! Mi abuelo Rolando Rodríguez era gran amante de las giras, y aun lo recuerdo como medio mareado por el ron, cayendo enredado entre las olas que rompían en la orilla de la playa.

Mi mamá no dudaba en ir a todas con mi hermana y yo; en muchas ocasiones, ella sola inventaba unas mini giras cocinando un arroz con pollo en la casa y nos llevaba a comerlo al río, y en otras ocasiones, cuando la molestábamos mucho con deseos de una gira, hacía una caldosa y nos llamaba a almorzar con todo el piso del comedor inundado: «¿Quieren gira? Pues ahí tiene agua y caldosa». Por otro lado, e imposible no mencionar a mi tío Roger, referente a la hora de hablar de giras en mi familia y en La Tinta de Jauco; no se pierde ninguna y siempre anda inventándolas con los muchachos del barrio.

Es necesario que se sepa que, aunque las giras varían su formato de acuerdo con la familia que las realice, el grupo etario o la connotación cultural, todas tienen especificidades que no varían, formando parte indispensable de los elementos que la distinguen como una auténtica gira. Uno de estos elementos es la caldosa, plato principal y reina de las giras; no puede faltar. Si no está eso, no es gira; puede haber manjares, pero una gira sin caldosa no es una gira, así de sencillo.

Desde que se es muy pequeño, se tiene bien definido lo que representa una gira, más allá de ir al río o la playa, algo que es cotidiano en nuestra tierra. Las giras son momentos mágicos que marcan a cada persona que llega a La Tinta de Jauco por su singularidad y belleza.

La gira comienza desde horas temprano de la mañana. Ya elegido el «pozo» (lugar específico del río con una atractiva profundidad), se comienza a organizar la marcha: un grupo de personas, cargando todo lo necesario para estar todo un día en el río o la playa, marcha con calderos, viandas, sacos cargados con cosas necesarias, cubos, paquetes de leña en muchas ocasiones, y todo lo que te puedas imaginar se lleva a una gira, incluso las cunas de los bebés.

La distancia entre la playa y La Tinta de Jauco obliga a que se use algún medio de transporte; los mulos, los caballos y los tractores son nuestros inseparables colaboradores en estos asuntos *girísticos*, aunque a veces hasta allá y con toda esa *tarequera* se va y se regresa caminando. Todo el que va para Boca de Jauco a una gira en la playa hace una parada obligatoria en ese hermoso camino del río, El Chorrito, un manantial mágico y dueño del agua más sabrosa que he probado en mi vida. Allí se llenan los pomos o barriles de agua potable para llevar a la costa.

Al llegar a la playa o al río, lo primero que se hace es montar un fogón con tres piedras, que seguidamente los hombres dejan listos con buena leña para que las mujeres procedan a colar un café. Luego de tomar ese emblemático trago de café, se comienzan a delegar las responsabilidades. Las mujeres se encargan de todos los quehaceres de la cocina, aunque algunos caballeros aquí son muy conocidos por sus habilidades en la cocina en este tipo de actividad, y otras damas por guillarse y no vérselas por la cocina nunca. Para mantener a las mujeres felices, ese fogón o esos fogones no les pueden faltar la leña; le tiene que pasar la candela por arriba a los calderos.

Los niños, desde que llegan, ya están bañándose y alguien está pendiente de ellos, aunque aquí se nace nadando; así que, gracias a Dios, no hemos sufrido ningún accidente fatal en ese aspecto. Claro está que la parte cultural y recreativa debe estar bien encargada, así sea un reproductor de música instalado a una de las baterías del tractor o guitarras listas para musicalizar el ambiente.

A esto sumamos el ron, el vino artesanal, sabroso, por cierto, con el que, ligado a unos ricos anoncillos, me hicieron perder la noción del tiempo una vez en la playa. También hay botellas de licores como la menta, el anís y las cremas, que siempre ponen desde temprano a gozar a unos cuantos. Ahí siempre alguien expresa: «Con esos ya no se puede contar».

Al ser todo el día, es necesario llevar suficientes alimentos para soportar el hambre que la playa y el río suman. El desayuno, en el almuerzo la caldosa, y en la tarde, fricasé de puerco o puerco asado son los platos fuertes principales, pero a esto sumamos la riqueza gastronómica de nosotros: hallacas, guanimos, pan de maíz, chocolate caliente, buñuelos y otras preparaciones integran el gran buffet, en el que una parte importante está a cargo de las frutas: piñas, mangos, anoncillos, caña de azúcar, uvas, guineos maduros y otros completan el menú del día. A esto sumo que, si la gira es en la playa, nunca falta el pescador que, con un cordel, atrape algún desdichado pez que terminará siendo un caldo para ahuyentar los efectos de las bebidas alcohólicas.

Así, sin el menor espacio al aburrimiento, pasan las horas entre los juegos y las actividades que el momento propicio ofrece. Y ya cuando se ha comido y se acerca la caída del sol, se da la voz de irse preparando para el regreso; en caso contrario, la gira sigue dos o tres días, incluso más. Bueno, y a esa hora es que se escuchan las mujeres peleando y pidiendo un tiempo de prórroga para disfrutar del río o la playa, ya que les ha sido imposible disfrutarlo por estar cocinando todo el día; hasta se molestan y dicen que para la próxima no les verán ni el pelo en la cocina.

Finalmente, y ya cuando está todo recogido, y cuando se ha revisado que no se queden ni las cucharas ni los vasos debajo de alguna mata de uva o sobre alguna piedra, se hace un pase de lista. Y cuando todos dicen presente, comienza el agotador regreso, pero que igualmente no deja de ser divertido por todo lo que puede pasar; los borrachos, en su mejor punto, se encargan del *show*, y las historias que han acontecido comienzan a surgir, como el resultado de un espectacular día de gira, que despeja la mente y nutre el corazón de felicidad a los tinteros, prestos a dar la bienvenida a quienes deseen unirse en sus peripecias por estos hermosos parajes.

Cagüeyva y los cagüeyros

La Cagüeyva de Jauco es una tierra hermosa de historias impresionantes y combates que marcan el carácter bravo y decidido de esta gente de sencillez admirable. Dueña del emblemático «campo de pelota» y de los «rodeos» dominicales, cuna de nombres de obligado estudio a la hora de hablar de La Tinta de Jauco, y el lugar por excelencia de la tradición vaquera, que, desde la comunidad de Corea, muestra sus mayores exponentes. Pero la razón de que figure Cagüeyva en esta ocasión en el libro no es de manera precisa por los atributos anteriormente mencionados, sino por algo más misterioso y mitológico: los cagüeyros.

Si hacemos un simple análisis comparativo del nombre del lugar «Cagüeyva» y el de «cagüeyros», claramente se puede ver la similitud de ambos, y sí, precisamente este lugar se llama así por los susodichos cagüeyros y su copiosa presencia aquí. Además, es en este sitio donde se recoge el mayor número de avistamientos y anécdotas relacionadas con estos sinvergüenzas, como muchos los llaman, por sus inescrupulosas fechorías, las que casi siempre realizaban con éxito, dadas sus mágicas habilidades.

Los cagüeyros forman parte de los denominados seres mitológicos de Cuba, que tienen en la región oriental del país su mayor notoriedad social. Los cagüeyros eran principalmente hombres que tenían la habilidad de convertirse en lo que se les viniera en gana mediante oraciones oscuras y conjuros.

Los mayores relatos los muestran convertidos en animales, perros y puercos principalmente, aunque también existen anécdotas de uno que prefería convertirse en un ataúd y se dejaba ver en medio del camino, apareciendo a mayor y menor distancia de las personas, quienes, asustadas en la oscuridad, no tenían otra opción que correr.

También es muy popular la historia de un cagüeyro que, en más de una ocasión, se convertía en un hermoso puerco, gordo y grande, quien, con la ayuda de su esposa, cómplice del pillo, era vendido a ingenuos compradores, quienes esa misma noche sufrían la inesperada desaparición del recién comprado marrano, sin dejar rastro alguno y burlando el corral que fuese.

Existe la historia también del enorme perro gruñón que salía en el camino, asustando con sus diabólicos ladridos y su espeluznante figura a quienes pasaban por allí. Esto sucedió hasta el día en que un hombre de un espíritu no muy valiente, pero completamente decidido a poner fin al animal, salió por el camino; y cuando el perro apareció y quiso atacarle, este le «mandó» un machetazo y lo «pegó» por una de las patas delanteras.

A la mañana siguiente, un vecino era atendido por una enorme herida en un brazo, por lo que todos supusieron que era este el cagüeyro, mismo del que no se volvió a escuchar nada, ni de aquel horrible perro.

Aunque para muchos los cagüeyros no son más que seres fantásticos, inventados por los guajiros y campesinos como resultado de la ignorancia, hubo otros, que no fueron para nada ignorantes, que aseguran que sí existieron y existen aún, tal vez con menor presencia, pero siguen por ahí, ocultos y haciendo de las suyas.

La verdad es que, fantásticos o no, forman parte de nuestra historia y tradición local y fueron los responsables de que cagüeyva se llame así. Esto los hace reales para la gente de aquí, e incluye en nuestras memorias a los descarados y sinvergüenzas cagüeyros que dejaron a un pueblo marcado para el resto de la historia de La Tinta de Jauco.

El pájaro de La Ciguapa

El pájaro de la ciguapa es una subespecie cubana (*Asio stygius siguapa*) de la especie de ave estratiforme perteneciente al género Asio que integra la familia *Strigidae*. También llamada ciguapa o ciguaya, tiene hábitos nocturnos semejantes a los de la lechuza, es de menor tamaño que ella y, por igual, ave de rapiña.

Esto es lo que científica y bibliográficamente se recoge sobre estas místicas aves, pero si le preguntas a alguien en La Tinta de Jauco, la historia es diferente, bien diferente; tenebrosa, diría yo. Todo se debe a la tendencia que suele vincular a las aves de la especie de los búhos a lo oscuro y misterioso. Aquí, el pájaro de la ciguapa es un tema pintoresco que siempre lo muestra como una diabólica ave que, en las noches, se comía a los niños que no estuvieran seguros y acompañados por los adultos.

Carlos Manuel Matos, un hombre de gran prestigio para los de aquí y que ha vivido por más de cien años en La Olla, en lo más recóndito de la región montañosa de La Tinta de Jauco, me contó cómo su padre describía, según los cuentos de su abuelo, al pájaro de la ciguapa.

—Bueno, chico —me decía mi papá—, que cuando él era chiquito, su papá, mi abuelo, les alertaba que, en las noches, el sonido horrible que estremecía estas lomas era el sonido de la ciguapa que salía a cazar a esa hora.

»Dicen que era un pájaro grandote, que parecía un viejito pequeño, con grandes ojos y un pico enorme; además, tenía las patas muy parecidas a las de una persona, pero invertidas, es decir, el calcañal al frente y los dedos atrás, por eso las huellas confundían a la gente que intentaba cazarlo.

Había que tener cuidado con los muchachos chiquitos porque se los llevaba. Incluso, decía mi papá que en una ocasión mi abuela estaba recién parida de uno de mis tíos, y todos los muchachos eran chiquitos, y la ciguapa estaba volando cerca de la casa cuando sintió el llanto del niño, y se acercó tanto que mi abuelo tuvo que salir al patio y recoger hojas de guineo secas y prender un gran fuego para espantar a la ciguapa.

Aunque ya no es muy frecuente escuchar historias de la ciguapa en La Tinta, sé que más de una generación de tinteros y tinteras escuchó de esta mística ave que atemorizaba a los pobladores de estas lomas. Tal vez para muchos no sea más que una historia sin la menor credibilidad, pero para Carlos Manuel Matos es real.

Para este hombre de probado prestigio en La Tinta de Jauco, esta historia contada por su padre forma parte de los recuerdos de su niñez, forma parte del recuerdo de su infancia y del mundo que él vivió, que tal vez resulte increíble para nosotros en la actualidad. Asimismo, tal vez y muy probable que para mis nietos en el futuro sea increíble y fantasioso.

Los cocuyos

«Cocuyito *matatero*, ven a ver a tu compañero que está comiendo carne de carnero en un caldero», así decía la letra de aquella canción que los niños han cantado por generaciones en La Tinta de Jauco, mientras agitaban en su mano un cocuyo para así llamar la atención de otros y atraparlos. Es muy común que en los campos de Cuba los niños jueguen con los cocuyos, y sean estos peculiares insectos dueños de tantas historias, hermosas algunas y otras todo lo contrario.

Los cocuyos son «bichitos» que vuelan y tienen en sus ojos y panza un componente bioluminiscente de color verde o amarillo que los hace resplandecer; este insecto habita en los montes de Cuba. En La Tinta de Jauco, los niños los recolectan y los encierran en botellas para observar lo hermoso de esa luz que llama tanto la atención. También son usados para enumerar cuántas novias o novios ha tenido alguna persona; se coloca con las patas hacia arriba y el insecto intentará ponerse en pie dando unos saltos.

Según el número de saltos dados por el cocuyo, este será el número de supuestas parejas que ha tenido esa persona hasta ese momento. Así, este insecto, llamado científicamente *Pyrophorus*, es el protagonista de una parte de la diversión de los niños, quienes, por ningún concepto, deberán dañarlos o dejarlos encerrados toda la noche, debido a que esto puede desencadenar un verdadero caos de fatalidades. Así que, mientras los respetes, todo estará bien.

Pero existen otras historias que van un poco más a lo oscuro y maligno. Una de estas historias es la del guajiro que, debido a la espesa oscuridad, atrapó un cocuyo para alumbrarse de regreso a casa. Atravesó todo el monte hasta que llegó sano y salvo a su hogar; una vez allí, lo soltó y, cuando se disponía a entrar a su casa, el cocuyo, con voz grave, le dijo: «Llévame a donde me cogiste». El hombre, aterrado, no tuvo otra opción que devolver el cocuyo al sitio de donde lo había traído.

Muy parecido ocurrió con el hombre que se encontraba lejos de su casa, movilizado en una de aquellas zafras de caña. Una noche, mientras dormía, tres cocuyos se aparecieron en el albergue y se posaron junto a su cama. El hombre, un poco asustado, los espantó en reiteradas ocasiones, pero, al ser todas en vano, dejó a los bichitos tranquilos, quienes se posaron toda la noche en su cama.

Unos días después, el desdichado señor recibió la triste noticia de que su esposa y sus dos hijos habían muerto quemados dentro de su casa, destruida por las llamas. Lo más misterioso de todo es que la noche en la que murió su familia fue la misma noche en la que él recibió la visita de los tres cocuyos.

En mis años de secundaria y preuniversitario en los centros internos del municipio Maisí, rodeados de cafetales, siempre se vivía con el temor de no ser uno a quien se le posara un cocuyo, y razones había. Era muy popular la historia, ya convertida en leyenda, de una chica, estudiante de uno de estos centros, que recibió la visita en su cama de un cocuyo que la despertó revoloteando en el rostro.

La muchacha, asustada, llamó llorando a su amiga que dormía en la cama de al lado, y esta intentó calmarla mientras todas las muchachas del albergue se despertaban y, entre murmullos, se ponían al tanto de lo ocurrido. De repente, unos profesores abrieron las puertas del dormitorio acompañados del padre de la chica, que aún lloraba; venían a buscarla para llevarla a casa, ya que su madre había fallecido esa misma noche en un accidente de tránsito.

Aunque todavía los niños juegan con los cocuyos, siempre impulsados por el respeto y precavidos por el misterio, estos inofensivos insectos han ganado un prestigio poco favorable. No obstante, no ha sido esta aterradora imagen motivo para que la gente de aquí los mate o trate de exterminarlos; al contrario, aquí se respetan por muchos motivos, entre ellos el temor a ser la víctima de uno de estos trágicos acontecimientos que verdaderamente han ocurrido.

Y, aunque no se esté seguro si es mera casualidad o no, de lo que sí se está seguro es que en este lugar han pasado cosas inexplicables, y en muchas de ellas han estado presentes los cocuyos, los pobres insectos que han tenido que cargar con una reputación que les antecede más que su hermosa luz.

La ceiba

La ceiba es un árbol que, a simple vista, transmite lo majestuoso de su gran estatura y de su abundante copa. Un tronco enorme y raíces de proporciones increíbles muestran que se está frente a un árbol especial. Y todos los cubanos sabemos lo que la ceiba significa en las distintas religiones y su gran valor y veneración por todos, incluso para muchos que no practican ninguna religión, pero que igualmente respetan este misterioso árbol, que está rodeado de historias y anécdotas, y mantiene una tensa relación con los lugares donde se encuentra, principalmente en las regiones rurales como La Tinta de Jauco.

Si es sabido que la ceiba es un árbol que suele encontrarse sola y sin la presencia de otras de su especie, también es sabido que aquí no existe solo una de estas místicas «matas», pero sin dudas la más famosa y popular es la que se localiza en el río, en el pazo de la ceiba, en Caña, tierra de los Ferreres, y a unos pasos de las casas de los vecinos Máxima, Socorro y Magali.

Esta enorme ceiba, que cuenta al menos con 100 años, ha visto crecer generaciones de tinteros y ha visto llegar y partir a muchos. Y claro, como es de esperar, a través de tantos años ha ido ganando en popularidad y a su alrededor se han tejido las más inexplicables historias y los avistamientos más misteriosos.

Todas las ceibas son el lugar por excelencia donde se encuentran tabacos, figuras de santos, sacrificios de animales, plumas, tiras de colores y un sinfín de objetos y «cosas» relacionados con la religión, que, aunque en La Tinta de Jauco tiene una mínima y casi nula presencia, esta ceiba no escapa de estas ofrendas, lo que asombra aún más a los locales debido a lo novedoso que resulta este tipo de práctica. Aunque verdaderamente resulta todo un revuelo en el barrio cada vez que se encuentran ofrendas en la ceiba, no son estas prácticas religiosas las responsables de la temible fama de la ceiba de Caña.

Episodios más oscuros han tenido lugar aquí; a más de un jinete que transita en altas horas de la madrugada le ha resultado imposible avanzar en sus animales por la presencia de una sombra que asusta a los caballos y los hace «recular» hasta desviarlos del camino. Otros, con menos suerte, al pasar por aquí han sentido como si alguien se les subiera en la espalda; unido al peso que sienten, está también el frío que en la espalda les invade. Otros han gritado y han corrido hasta la casa de los vecinos más cercanos por encontrarse con una espectral figura que los rodea y los persigue en la oscuridad.

Por aquí es muy común la frase «asustaron a fulano o mengano en la ceiba», por lo que es muy popular también escuchar alertar a quienes la noche les sorprende en el pueblo y deben pasar por la ceiba de regreso a sus casas. Conozco a más de uno que ha preferido dormir en casa de algún conocido que tener que atravesar el paso de la ceiba en horas de la noche.

Yo, personalmente, debo decir que, independientemente de la fama que tiene la ceiba y de las múltiples anécdotas que de allí se cuentan, siento un poco de temor cada vez que debo cruzar por ese lugar. Y aunque no es miedo específicamente, sí siento un ambiente pesado que me aturde y me hace acelerar el paso.

Sumo a esto que es un sitio bastante oscuro, incluso en el día más soleado, debido al espesor de la copa del mencionado árbol.

Sé que casi todos los pueblos, y en los que se encuentra una ceiba principalmente, se ven envueltos en misteriosas historias que se tejen alrededor de esta peculiar planta y del lugar en el que se encuentra. Pero lo que sí debemos dejar bien claro es que estos árboles, donde quiera que se sitúen, adquieren una notoriedad social muy importante, que las convierte, diría yo, en el epicentro de sucesos oscuros y mágicos.

Las religiones, tanto las traídas a Cuba desde el gran continente africano como las del misterioso continente asiático, sitúan a este árbol como morada de muchas deidades y espíritus, y se les considera como un portal entre el hombre y el plano espiritual.

Está entonces más que claro que las ceibas tienen sus atributos especiales y distintivos que las diferencian del resto, por lo que son dueñas del respeto en la sociedad cubana. Aquí, en La Tinta de Jauco, tenemos una ceiba; una que, en lo misterioso y místico, no es diferente a las otras.

La zafra de café

Es imposible hablar o pensar o exponer algo de La Tinta de Jauco si no se habla de la zafra de café, o del café, diría yo, que es parte indispensable del alma de este pueblo.

Ya expliqué en algunas páginas anteriores cómo se introdujo el café en Cuba y cómo llegó a la región de Baracoa y a La Tinta en específico.

A medida que transcurrieron los años, la cosecha de café fue tomando un carácter no solo económico, sino de una connotación social y cultural, porque para nadie son un secreto las interminables y hermosas anécdotas e historias que a través de los tiempos han traído consigo las zafras de café.

Desde las grandes movilizaciones de estudiantes o personas que venían desde otros lugares hasta las lomas y serranías de nuestra geografía a recolectar los granos pomposos de este jazmín, hasta los grupos de recogedores, donde no faltaba el que recogía mucho café en un día, o la que hablaba demasiado, o el que se metía por el camino de los otros, el que partía los gajos de las matas, el que recogía los granos verdes, la que dejaba el suelo lleno de café, quienes nunca estaban de acuerdo con el desayuno o el almuerzo y el de los cuentos que hacían reír a todos.

Todo comienza con las pequeñas flores blancas que inundan como un campo nevado los cafetales. En ese tiempo, se sabe que vendrá una buena cosecha, dependiendo de los factores e inclemencias de la naturaleza que muchas veces atentan contra el afloramiento del café.

Luego, cuando empieza a parir y los granos ven la luz, se puede asegurar qué tan grande o pequeña podrá ser la cosecha, que verá sus inicios en el otoño y parte del invierno. Ya para esas alturas, los granos rojos engalanan los cafetales y anuncian que muy pronto todas esas lomas estarán llenas de la algarabía de los recogedores, del juguetear de los niños, del chiflido de los hombres y de la risa de las mujeres.

Hay veces que la naturaleza sorprende con apresurada astucia y un pico de maduración feroz obliga a apresurar la cosecha para evitar la pérdida del café que se puede gotear. Pero cuando comienza la zafra, comienza.

Muy temprano en la mañana, las mujeres se engalanan, cubriendo su cabello con paños y sombreros, vistiendo las ropas de sus esposos y zapatos robustos que las ayuden a sostenerse en el desnivelado suelo de los cafetales.

Con un cubo amarrado a la cintura, o con un bolso diseñado para recoger café, hecho de un saco blanco doblado hacia afuera y donde se colocan dos piedrecitas en cada punta, que luego serán amarradas con la correa, la falda de yagua o la soga que dará la vuelta a la cintura. Debo aclarar que por estos bolsos han existido muchas discusiones, debido a que suelen confundirse, porque todos comienzan a quedar embriagados del color marrón oscuro que la miel del café provoca.

Los hombres, con camisa de mangas largas y sus gorras o sombreros, fuertes y seguros, ayudan al tránsito por las lomas. Los niños, quienes también van dispuestos a recoger café, se van agotando en las primeras horas de la jornada y destinan todo el día a corretear y deslizarse en yaguas por entre las hojas del café y el cacao.

Muchas cosas suceden durante este periodo. Hay quienes se les ha votado el café y, con un genio entre dientes, tienen que recoger cada uno de los granos que les ha llevado recolectar más de mediodía. Otras, luego de llenar tanto su bolso, no pueden subir las lomas por lo pesado de su morral.

No falta también quien ruede lomas abajo en las mañanas húmedas de las fincas, que convierten a las hojas de café y a los jobos disecados en elementos resbaladizos y muy peligrosos.

Los gritos de emoción de quien encuentra una gran fruta de pan o un aguacate hermoso, y los gritos de terror de quienes se cruzan en el camino de un majá de Santamaría o un pequeño *jubito* inofensivo que pone a correr a unos cuantos, son parte usual de la actividad diaria en los cafetales durante la zafra.

Llegando a las 12 del mediodía y cuando ya muchos anhelan un descanso, una voz esperada irrumpe en la inmensidad del campo: «¡El almuerzo!». Inmediatamente, se desprende una maratón y empiezan a salir enredados entre las plantas de café los recogedores en busca de su alimento, que puede ser bien una caldosa o ajiaco, harina de maíz con frijoles o un arroz amarillo con carne de puerco ahumada, agua y el elixir de estos campos: la bebida vital que da fuerzas para continuar, que sube el ánimo, que alivia el cansancio y reprende el sueño: el café, nuestro café, el mismo que hace un año estuvo pendiendo de una planta y que ya pasó un largo proceso hasta convertirse en ese líquido oscuro y humeante que agitan en círculos en un vaso para no quemarse la boca.

Los cafetales han sido cómplices silenciosos de muchas historias inolvidables, y las zafras, las excusas perfectas para las jóvenes que deseaban encontrarse con sus temerosos enamorados. Durante todo este tiempo, existe un espíritu vivaz en la región, desde horas tempranas en la mañana hasta bien entrada la noche, en el que aún se pueden escuchar a los arrieros con sus gritos y chiflidos, dirigiendo a sus cuadrillas de mulos y los tractores cargados de café rumbo a las despulpadoras.

Ciertamente, la zafra de café constituye un empuje para la economía de la región y la economía personal de cada tintero que se vea enrolado en esta actividad agrícola; la misma que conforma el renglón primero de la economía en La Tinta de Jauco.

Pero, además de esto, que es muy importante tanto para un pueblo como para una familia, la zafra de café conforma una época que hermana a las personas y hace revivir las interminables historias de generaciones pasadas, que inculca en los más pequeños el arte de la producción y recolección de café, el mismo que ha ayudado a sustentar este pueblo y a muchas de sus familias a través de los años.

Un traguito de café

El café forma parte indiscutible de la sociedad cubana, pero en La Tinta de Jauco va más allá de eso. Aquí se siembra y se produce, lo que hace que no sea difícil encontrarlo y que su consumo tenga una presencia continua durante todo el año. Pero, sin dudas, el café encierra un ritual y una tradición muy hermosa en estas lomas del oriente de Cuba; desde que amanece hasta que se pone el sol, incluso en las noches hay que colar un trago de café.

Ese trago de café es un elemento fundamental de la humilde gente de aquí, quienes, al recibir en sus casas a un amigo o a cualquier persona, lo primero que harán es brindarte un traguito de café; eso no falta, y en más de una ocasión lo he hecho notar en el libro.

El trago de café está presente en el amanecer, como antesala del desayuno o como único sustento de no pocos que, al levantarse, prefieren tomar solo un trago de café, y así se disponen para irse a trabajar. Puede haber oro en el desayuno, pero solo toman café. Es válido destacar que el trabajo en el campo es duro, por lo que tomar este energético trago de café da fuerza para continuar; a veces se escucha decir: «Este café revive un muerto», una forma de destacar el deleite que se recibe al beberlo.

Para los de aquí es muy común tomar café a cualquier hora, y puede que sea común para muchos alrededor de Cuba. Lo que sí sé que no es común es la cantidad; aquí no se sirve una diminuta tacita de café, aquí se sirve un vaso medio, incluso un poco más. Esto suele impresionar a muchos que llegan de visita a La Tinta de Jauco, principalmente médicos y pastores, quienes han pasado en más de una ocasión por la vergüenza que significa rechazar un trago de café en este lugar.

Y es que, imagínese usted, un médico visitando a sus pacientes; en una mañana puede llegar a unas diez o doce casas, y en cada una de estas le «sueltan» un vaso de café. Verdaderamente es una compleja situación para quien está acostumbrado a una pequeña cantidad en la mañana o solamente con leche como parte del desayuno.

Muchos han llegado a La Tinta de Jauco sin tomar café o tomando muy poco, y se van enviciados al ritmo del monte. Hay quienes lo prefieren amarguito, otros más dulce, pero generalmente aquí el café fuerte, que es el más amargo y el primero en salir, es para los adultos, y el claro, que es el más dulce, es para los muchachos, los niños, que desde tempranas edades ya van iniciándose en este arte de tomar café. Es que es tan valioso para los de aquí ese simbólico trago de café, que no se brinda simplemente por cortesía al recibir a alguien, sino porque constituye parte indispensable de nuestra tradición, que encierra un ritual lleno de amor y humildad.

Desde que se comienza a colar el café, el proceso hace relucir lo más bello de nuestras tradiciones. Aquí no se usan cafeteras ni sofisticados equipos destinados a este fin; aquí usamos nuestros artefactos: un *empinao*, una bolsa de tela, una olla con agua, un *tin* de azúcar y un fogón de brasa y leña. El *empinao* es una pieza elaborada con madera, que funciona como soporte de la bolsa de tela que pende de este y que, además, tiene una base donde se coloca el envase en el que irá cayendo el café. El agua hirviendo en una tiznada olla, con una específica cantidad de azúcar, se va añadiendo poco a poco a la bolsa que contiene el polvo del café, y así va cayendo ese oscuro líquido de olor irresistible que mantiene bajo su poder a muchos con un poderoso hechizo que se conoce como vicio.

Debo decir que no se usa cualquier olla para esto; es la ollita del café, bien distinguida por su color en las cocinas de La Tinta de Jauco. La bolsa se hace con tela; generalmente, las de tela antiséptica son las de mejor calidad debido a la composición de ese tejido. Con el tiempo, la bolsa se va tiñendo de un marrón que llega a su punto más oscuro, denotando las innumerables veces que ha servido como filtro.

Una amiga y su hermana, Pococo y Puchita, eran o son adictas al café, al punto de que, cuando mis padres me llevaban los pomos de jugo o refresco a las escuelas internas en las que estudié, el padre de ellas, Oneidi, les llevaba a cada una sendos pomos de café, el que se bebían como Coca-Cola o cualquier otra bebida. Jamás olvido eso.

Desde que se siente el aroma al estar tostándolo, los vecinos se mantienen al tanto porque saben que muy pronto colarán un buen café y están dispuestos a no perdérselo. Otras veces, el olor de un café mientras se cuela llega hasta el camino, y desde allí se grita: «¡Oye, dame un trago!», a lo que responden con una invitación a degustar ese exquisito cafecito calientito, acompañado de una amena conversación.

Los fogones de brasa y leña

Ay, mi madre, por poco se me olvidan. Estoy escribiendo esta parte casi cuando los editores tenían mi libro en sus manos, pero no puedo dejar de mencionar a los fogones.

Señoras y señores, no podría dejar de escribir acerca de ellos, los responsables de ayudar de forma confidencial a nuestras amas de casa. Allí, donde ellas se lucen y sacan de sí los trucos y los secretos mejor guardados de la cocina guajira, fueron y son el epicentro de los olores más exquisitos de estos lugares, que escalan con el humo y se van regando por todo el barrio. Los fogones no son cualquier cosa, caballero.

«Los fogones siempre tienen que estar encendidos; si no, a esa casa llega la miseria». Así decía mi abuela, que dejaba algún tizón por si se necesitaba hacer un té o cualquier mejunje en la madrugada. Además, esto mantenía calentita la ceniza que los gatos usaban para dormir en las noches más frías; la misma ceniza que se usaba para mil cosas, entre ellas, acabar con colmenas de bibijaguas, lograr de forma mágica que los calderos y cacharros quedaran relucientes, y algunos más atrevidos la usan mezclada con limón, como método desinfectante para las heridas.

En los fogones se tuesta el pan muy rico, y siempre, en la parte de atrás, están las botellas de vidrio llenas de café, muchas veces tapadas con una tusa de maíz, pretendiendo ser corcho, pero que ayuda a que el café se mantenga caliente y con un gusto exquisito. Frente a estos, vimos a nuestras abuelas y nuestras madres elaborar los potajes más ricos, las comidas criollas más sabrosas y todos los manjares que, sin ir a una escuela de cocina, podían preparar de forma magistral, recogiendo algunos cilantros en el patio, unos tomaticos silvestres, culantrillos y unos dientes de ajo.

Sí, porque aquí en La Tinta de Jauco no son todos los que usan eso de sazón completa, Goya, Maggie o ninguno de esos cubitos que la gente emplea para darle sabor al agua e imaginarse que se están tomando una sopa de pollo.

No quiero decir con esto que no se use; por ejemplo, mi misma madre es fanática de que le compren pastillitas de pollo, tomate o res para cocinar, en cambio, a mis abuelas nunca las escuché hablando de eso.

Frente a los fogones escuchamos peleas y refunfuños por algunos palos húmedos que no ardían, o por alguna leña verde que solo servía para echar humo. Hasta allí fuimos corriendo con algunas *bruquitas* que nos mandaban a recoger rápido en el patio para terminar el almuerzo.

Los fogones han existido desde siempre, unidos a nosotros, aunque no en la forma que los conocemos. Pero desde que el hombre descubrió el fuego, uno de los acontecimientos más importantes de nuestra especie, siempre nos han acompañado.

Claro que, con el tiempo, fueron evolucionando y se fueron adaptando a nuestras necesidades y a nuestras mujeres, que necesitaban trabajar de forma más cómoda, levantándolos en cuatro patas y dotándolos de elementos que los convertirían en un instrumento de suma importancia para la vida en el campo.

Ha sido tan así que, incluso después de que el modernismo y la revolución energética impulsada por Fidel Castro llegaron a estas lomas, en la cual las mujeres de todo el país, incluyendo las de La Tinta de Jauco, tuvieron la oportunidad de tener en sus manos equipos electrodomésticos más sofisticados, no se ha podido separar ese humeante fogón de nuestras cocinas, viviendo en plena armonía con ollas arroceras, ollas reinas y un sinnúmero de equipos que no lo han podido desplazar de su puesto.

Incluso en las ciudades de Cuba es muy común ver a personas tratando de cocinar en fogones de leña, ya sean las típicas caldosas o los machos en púa, pero siempre buscando estar más cerca del campo que de la misma ciudad.

Tía Rebeca, en Santiago de Cuba, se las ingeniaba principalmente en los días festivos de fin de año para montar su fogón de leña y preparar la comida, que al menos ese día tendría el gusto y el aroma de una verdadera comida cubana y jauquera.

Muchos han decidido conservarlo, alegando que el café no es el mismo, que la comida no sabe igual, que hay que tostar el café, que no se puede confiar ni en la electricidad ni en esos equipos que salen malos, y miles de pretextos. Pero no saben ellos que, más que estas simples excusas usadas para no separarse de los fogones, están siendo fieles a una tradición de cientos de años y a un instinto milenario meramente humano que ha acompañado siempre al hombre desde tiempos inmemorables: la complicidad con el fuego.

A nuestros fogones de leña escribo, aunque es cierto que a veces el humo se vuelve insoportable, que arden los ojos y nos chorrea la nariz, que hay que meterse casi de cabeza a soplar aquellos palos insoportables que no quieren encender, y la rabia y el genio te daban incluso deseos de darle una patada a la mismísima olla. No podemos negar que existe un vínculo de profunda tradición entre ellos y nosotros que nos condena a su compañía.

Por eso, en este libro dedicado a La Tinta de Jauco, un libro de tradiciones y cultura, no podría dejar de mencionar a los fogones de leña, los que han ayudado a dar ese sabor a tantas generaciones de tinteros y tinteras.

El ritual de tostar un café

Hay una magia en ese rito; existe algo mítico que se queda grabado en la mente de quien puede o ha vivido la experiencia de ver tostar un café. El caldero, bien tiznado y ya manchado en su interior por la inmensa cantidad de veces que ha visto el baile de los granos de café cambiando de color y desprendiendo ese aroma, el más sensual del campo.

Comienza el ritual; ella, con su cabello cubierto para no dejar impregnar el olor que es inevitable. El humo invade la cocina y se dispersa por doquier en columnas que viajan por el barrio, anunciando que «alguien está tostando café».

Sudando y meneando sus brazos, que mueven una paleta de madera del mismo color que el interior del caldero, sube y baja, adelante y atrás, removiendo sin descanso el montón de granos que ya ha perdido su color natural. Así continúa hasta un momento, un instante exacto en el que comienza lo más importante y lo que distingue a un café tostado del otro: añadir el azúcar.

¿Cómo? ¿Cuándo? ¿Qué cantidad? ¿Dónde?, son interrogantes que, para muchos, entre los que me incluyo, son un misterio. Solo los que saben tostar café lo saben y tienen la habilidad de dar ese gusto o ese punto exacto donde revienta una experiencia única que deja tatuado en el paladar una memoria deliciosa e inigualable.

Yo solo puedo decir que se utiliza el azúcar parda, morena, prieta o como sea; solo sé que no puede ser blanca. Yo no sé por qué pregunte usted.

Por una esquina está él, ajustando el molino para volver harina el primer puñado de café. Mientras la bolsa de tela va chorreando la hirviente mezcla, se preguntan: ¿Tiñe o no? Ahí otra cuestión, muy importante para la evaluación final que se divide en café fuerte o café claro.

Ya servido y desprendiendo el espiritual olor que penetra hasta la memoria, dejando hipnotizado a quien lo bebe, llega el momento cumbre en que los catadores saborean todo del café recién colado. Y así, con una conversación elocuente y los niños con el pan empapado del café claro, termina este ritual de tostar café.

Por lo menos, en mi barrio, La Tinta de Jauco, es así; no sé tú, pero yo añoro ese momento.

Taburete, trono de historias

Es normal que en cada casa, bohío o ranchito de por aquí exista un artículo, un artefacto artesanal venerado por muchos. Recostado a una pared, muchas veces desgastado y torcido por los años de uso y las veces que sirvió para soportar el cansancio de quienes trabajan largas horas en el campo.

Fabricados de madera y cuero, son los sillones más populares en la tradición campestre de esta región. Los taburetes, o los *tauretes*, como los llamamos los de aquí, se encuentran en cada lugar como decoración usable. Testigos de miles de historias y víctimas del aroma del tabaco, los taburetes forman parte indispensable de la infancia y de la memoria de muchos de nosotros.

Nuestros padres y nuestros abuelos pasaron horas escuchando la radio o torciendo hojas de tabaco, sentados en sus taburetes personalizados con la horma de su zapato, que desgastaba el travesaño de enfrente. El cuero curtido y manchado por el sudor deja en claro cuántas tardes han pasado por aquel espaldar que se desprende de las puntillas que un día lo sujetaban, tensando como tambor.

En la casa de mi abuela, cada uno tiene su propio taburete. Muchas veces nos regañaba: «¡No lo recuestes, que se aflojan, y estos taburetes son más viejos que tú!». Estos también son responsables de las más divertidas caídas, al resbalarse de las patas traseras y tumbar hasta el más prodigioso jinete; a cuántos no les ocurrió.

Los taburetes certifican su uso desde el año 1600, no solo en las chozas y los bohíos cubanos, sino también en los grandes caserones de hacendados y mansiones de burgueses.

Aunque en la actualidad la modernidad y la influencia de tendencias novedosas y lujosas de otros sillones han desplazado un poco a los taburetes de su protagonismo, es también cierto que todavía son los preferidos de muchos, quienes, sin importar cuán esponjosos y elegantes sean sus muebles, buscan siempre su desgastado, flojo, remendado y personalizado taburete. Y no solo como soporte para sentarse, sino como una peculiar máquina del tiempo que les traslada hasta aquella infancia en el campo, aquellas tardes de historias con abuelos, primos y el aroma de un tabaco.

El tiempo de mango

Por los meses de junio, julio, agosto y hasta septiembre sucede algo espectacular en toda la región de La Tinta de Jauco. Durante estas fechas, y hasta los más recónditos lugares de esta geografía, llegan los mangos.

Todo comienza con ese abuelo, papá, tío o hermano mayor que todos tuvimos, y que, con un misterio sutil, llama al más pequeño de la casa para hacerle un regalo especial. Metiendo la mano en el bolsillo de aquel sucio pantalón de trabajo o en el saco que traía al hombro, saca un mango.

Pero este no es un mango cualquiera; es un mango especial, el primer mango que gotea en la finca, el mismo mango que, en más de una ocasión, causó y causa inocentes peleas entre los más pequeños de las casas de por aquí y entre algunos que ya no son tan pequeños.

De esta forma, queda inaugurada oficialmente la cosecha de mango. Por este mismo tiempo, ya es común encontrar a los muchachos del barrio tirando piedras y palos a los mangos que, con un color amarillento, descartan el inicio de su madurez. A esto le sumamos a los vecinos que, entre gritos y peleas, repren-den a los chicos por el abuso, porque en aquella contienda caen también los frutos verdes y los nuevos.

Así, entre los mangos machos a quienes se les dan golpecitos contra una pared para convertir sus fibras en pulpa, la que luego se extrae chupando la punta del mango por el huequito que se le hace en la cáscara, y con los bizcochuelos traídos desde la zona de Boca de Jauco, región sur de La Tinta, despega la invasión de mangos que parece como una epidemia.

Nuestra tierra bendita tiene una inmensa variedad de man-gos, entre los que destacan el mango seda, cremoso y de exótico sabor, favorito de muchos; los pequeños mangos *toledos*; los *balthazar*; los *zabricó*; los *papelina*; los *matilde*; los *mangos piña*; *reina de México*; *huevo de toro*; *mango manzana*; *hilacha*; *filipino*; *mamey*; *mango jobo*; y las *mangas*, que no son muy buenas para comer, aun cuando su sabor es dulce y agradable al paladar. Todos sabemos por qué, y un sinnúmero más de clases de man-gos y mangos de clases que me sería imposible mencionar por su amplia diversidad y los nombres en que son conocidos en las diferentes regiones de aquí.

Cargándolos en sacos blancos o de yute, en canoas hechas de yagua, en cubos o en bolsos, desfilan los tinteros con sus mangos, que serán aprovechados no solo para las personas, sino también para sus animales: los puercos, las vacas, los caballos, y hasta muchos gatos he visto yo lamer la pulpa de los mangos. Otros viajarán más lejos; van con destino a familiares que viven en pueblos distantes donde no se goza la dicha de una cosecha de mangos como la de acá.

La cara de los niños, manchadas por ese color amarillento; las ropas chorreadas y los incómodos pelitos entre los dientes, son algunas de las características y consecuencias del tiempo de mango. Pero no puedo dejar de mencionar los estómagos que se aflojan y obligan a visitar el baño apresuradamente en reiteradas ocasiones; esto también forma parte del tiempo de mango.

Los jugos, las mermeladas y otros postres protagonizan la parte más dulce de las comidas, que incrementan el gusto por esta fruta que, a diferencia de lo que muchos piensan, no es oriunda de Cuba. Sé que muchos se asombrarán al saber que hace 200 años no existían en nuestra isla.

El mango es originario del sur de la India, donde se conoce como *mangay*, su nombre originario en tamil. No fue hasta el siglo XV que los comerciantes y viajeros los fueron esparciendo por el mundo. A Cuba llegaron unos años más tarde, a finales del siglo XVIII.

Corría el año 1793 cuando desembarcaron por el puerto de La Habana las primeras semillas de mango que vio Cuba, procedentes de Jamaica, las cuales fueron sembradas en las tierras de los Condes de Jibacoa. A Santiago de Cuba llegaron poco después, justamente en el tiempo en que el comercio entre La Tinta de Jauco y esta ciudad del oriente del país era muy concurrido.

Por eso, cabe la posibilidad de que los mangos de nuestra región sean procedentes de los mangos de Santiago de Cuba, y no es de dudarlo, ya que los mangos de Santiago tienen un sabor tan dulce y agradable como los mangos de aquí.

Si bien es cierto que al inicio de la temporada de los mangos nos comemos hasta las cáscaras de los primeros, también es cierto que, a medida que se incrementa su cosecha, vamos quedando sedientos de esa sed que hemos acumulado durante todo un año.

No importa cuántas veces se repite el ciclo interminable, no importa cuánto tiempo tengamos que esperar; lo que es cierto es que cada vez que comienza la temporada de mangos la esperamos con el mismo entusiasmo de siempre, una época del año que queda en la memoria de todos como un recuerdo hermoso y que graba en el alma el sabor de los mangos de La Tinta de Jauco.

Los ríos de La Tinta de Jauco

Siempre es grato y placentero pensar y hablar de nuestros ríos, tesoros tangibles de nuestra tierra. Aunque La Tinta de Jauco se encuentra inundada por diferentes riachuelos, cañadones y arroyos que refrescan todo este entorno, son sin dudas el río Jauco, o río Caña, y el río de Baracoa, los más famosos de por aquí, añadiendo al arroyo del Rincón, dueño de una historia que todos conocen o, al menos, todos deberían.

Sus crecidas enormes, la temperatura y el color de sus aguas, que no son iguales, aunque parezcan, son características inconfundibles que los hacen únicos y los distinguen el uno del otro. Los de aquí los distinguimos claramente y, aunque nos taparan los ojos, sabríamos con exactitud en cuál de los dos ríos estaríamos zambullidos.

Las contagiosas giras que durante todo el año tienen lugar en sus aguas llenas de niños, jóvenes y adultos disfrutando de caldosas y puercos asados en púa, en sus arenas salpicadas del rojo intenso de las uvas caleta que, en su época, inundan toda la región.

El río de Baracoa toma ese nombre porque nace entre las lomas de la serranía al suroeste de La Tinta, en dirección al municipio Baracoa. Es dueño de un cauce muy rico, tanto en fauna y flora, como en recursos naturales y minerales preciosos, tales como el oro.

Teniendo como una de sus atracciones favoritas el famoso pozo del Chorrerón de Güajimero y otros tantos que terminan en el pozo de Cacha, como popularmente se conoce a este lugar, donde se unen ambos ríos en una precipitada corriente que parece interminable e imparable hasta que desembocan en las aguas del mar Caribe en Boca de Jauco.

Por su parte, el río Jauco, también conocido como el río Caña, tierra de los Ferreres, tiene encantos inigualables. Entre pasos y calzadas de piedras separadas, a las que hay que ir saltando de una en una para cruzar de un extremo a otro, o los palos de coco aplanados en un extremo para hacerlos más adecuados para caminar sobre ellos, están los mismos pasos de ríos o calzadas en los que no pocos han visto el mundo dar vueltas hasta caer al agua en horas de la madrugada o durante el día. Algunos salen ilesos; otros reciben fuertes golpes de las rocas que les esperan en el lecho del río.

También tiene pozos famosos, pero sin dudas los más colosales de todos ellos son Los Saltaderos del Bejuco, dueños de historias que inspiraban el respeto hacia sus profundas y verdosas aguas. Este río nace en las lomas de Los Jamales de Jauco, lugar fronterizo con Vertientes, una zona que corresponde al poblado de Sabana.

Recuerdo cómo de niño escuchaba las historias de aquellas luces que ferozmente devoraban la oscuridad de las madrugadas y las noches de La Tinta de hace unas décadas atrás; luces misteriosas que, rodando por el río, asustaban a unos y llamaban la atención de otros.

Recuerdo, además, que más de una persona afirmó que aquello eran diamantes arrastrados por las corrientes del río y que, bajo el reflejo de la luna pura, diseminaban su luz. Historia que podría tener cierto sentido debido a la existencia de unas minas de oro y diamantes que existen en las lomas de La Holla, Los Jamales y Vertientes.

Estas minas, nombradas La Hoya, escritas exactamente así, fueron concebidas el 17 de septiembre de 1925; La Hoya 2, el 15 de octubre de 1925; y La Hoya 3, el 12 de noviembre de 1925, con una superficie de 100, 381 y 400 hectáreas, respectivamente. Estuvieron en explotación durante las primeras décadas del pasado siglo, bajo la dirección del concesionario Juan Cuervo Navarro.

Así lo registra el Boletín de Minas, publicado en 1937 por la Secretaría de Agricultura y la dirección de Montes, Aguas y Minas de la República de Cuba, en su edición número 15. Unas décadas después, fueron clausuradas por motivos específicos relacionados con la minería.

En mi investigación, además, descubrí que no son estas las únicas minas que estuvieron en explotación en nuestra región; también aparece registrada la mina llamada Albert, que tuvo por concesionaria a la señora Luisa M. de Martínez, aunque no podría decir en qué lugar exacto estaba ubicada.

Recuerdo con mucho cariño que, a la edad de 10 años, tuve la oportunidad de hacer una excursión en la quietud infinita de La Hoya, la misma que se veía perturbada solamente por el canto de los pájaros y por el ruido de pequeños hilos de agua que caían sobre piedras.

Mi guía, Carlos Manuel Matos, «El guardián de la Olla» y el rey de aquel paraíso, fue testigo indiscutible de la evolución o involución de muchos aspectos en este lugar y confidente del tiempo de todo lo que aquí sucedía.

Hombre de pequeña estatura, pero de un coraje gigante y una sabiduría infinita que se perdía en la profundidad de sus ojos y en la suavidad de su voz. Me explicó que aquella mina fue el corazón latente de una pequeña industria minera de donde se extraía oro y, en muchas ocasiones, diamantes.

Para ese entonces, era muy común sentir las explosiones y ver el movimiento de los americanos, quienes eran los responsables de la explotación del yacimiento. Recuerdo que, con limpia inocencia, le pregunté si había mucho oro allí y el sabio me respondió:

—Bueno, cuando trabajaban tanto era porque podían sacar algo.

Y yo, ilusionado con aquella historia, miraba al suelo y a las pequeñas piezas de piedra, rotas por la mano sedienta de riqueza del hombre, buscando con desesperación encontrarme con algún pedacito de oro. La mina clausurada servía como guarida a los perros jíbaros, y a solo sabe Dios cuántas otras criaturas que aprovechaban sus túneles amplios y la tranquilidad que ofrecía aquel remoto lugar como la oportunidad perfecta para morar.

También recuerdo una anécdota que todavía me pone los pelos de punta. Esto le sucedió a un señor muy respetable de nuestro barrio, que en una ocasión venía de su iglesia. Eran aproximadamente las 11:30 o las 12:00 de la noche cuando llegó al lugar conocido como el pozo de Ariel o El Jiguillo, al comienzo del Rodeo, en Caña, casi al llegar a La Tinta.

Vio cómo del río se levantaba una figura espectral en forma de un hombre, pero tan inmenso que no lograba alcanzar a ver su cabeza, y con brazos tan largos que le arrastraban en el río. Entre la claridad del mechón que traía y el susto que le desgarraba por dentro, no sabía si pararse y regresar o continuar por el estrepitoso camino, lleno de raíces y piedras. Pero, siendo un hombre de valor, continuó.

Unos pasos más adelante, un soplido fuerte le apagó el candil, y desde ese momento tuvo que caminar lentamente para no caerse en aquel camino hasta salir al terraplén que conduce a La Tinta. Durante todo ese tiempo, aquella cosa estuvo caminando a su lado.

Muy similar sucedió con un joven que regresaba de aquellas famosas fiestas que se celebraban en honor a los jóvenes que regresaban victoriosos de Angola, fiestas que retumbaban por más de tres o cuatro días y que eran una invitación abierta para todo el barrio.

Por este mismo camino y en el mismo lugar, el joven venía alumbrado con la luz amarillenta y opaca de una de las linternitas metálicas de antaño que usaban dos baterías gruesas. Al llegar al lugar anteriormente mencionado, vio un bulto misterioso dentro del río. Siguió caminando, un poco asustado pero seguro, y cuando estaba por dejar atrás el lugar, pudo ver con el rabillo del ojo cómo se levantaba del agua aquel inmenso hombre.

—En este momento no tuve miedo —me dijo—, pero recuerdo que cuando llegué a la casa y cerré la puerta, me ericé de pies a cabeza.

Hubo una vez también una conversación entre dos amigos. Uno de ellos tenía fama de ser buen mentiroso y contaba cómo un día intentó cazar una anguila en el río, que era más grande que un majá Santamaría; alardeaba. El amigo que escuchaba el enorme embuste de su compañero le respondió:

—Muy probablemente fue esa misma anguila la que anoche por poco me tumba del caballo en el paso de La Ceiba.

De esta forma, dejaba al descubierto la inmensa imaginación de aquel que no hablaba con nada de verdad.

Historias y más historias que encierran los siglos de existencia de los caudales del agua que provee al barrio de La Tinta de Jauco de un espíritu fresco y orgulloso; algo de lo que no perdemos oportunidad de mostrar al mundo y de jactarnos de que somos los dueños de los ríos más famosos de toda esta región y de los más populares en los meses de verano, cuando de todas partes llegan hasta aquí aquellos que buscan refrescarse con sus aguas inundadas de guajacones, jaibas, anguilas, guabinas, camarones, saltarines, biajacas, los tapaculos y los curiosos dajaos, pequeños peces perciformes migratorios que se alimentan de crustáceos y que, una vez que desovan en los ríos, regresan al mar. Se les llama también salmón de la montaña.

Llenos de intrépidos hombres y mujeres que se atreven a meter las manos en las cuevas de sus piedras para sacar camarones y jaibas, o quienes, con los mosquiteros viejos o sacos de papas amarillos, forman un jamo, mientras unos revolvían las aguas arriba, otros más abajo esperaban con el jamo ubicado en una parte del río, que habían preparado en forma de embudo para que los aturdidos camarones y biajacas cayeran en él.

Algunos más audaces son capaces de zambullirse en las profundidades de sus aguas, acompañados de una careta criolla, fabricada con un vidrio recortado en forma de óvalo y recubierto con la goma de una recámara de automóvil, y con pistolas acuáticas hechas con tubos de aluminio y ligas. Y quien se considere más suertudo espera nomás que el río esté turbio y, con un anzuelo, pesca de un zarpazo un buen dajao o una anguila.

Aunque es cierto y lamentable que otros irrespetuosos se atreven a usar productos químicos que vierten en las aguas para de esta forma tener una gran pesca, no sabiendo, o sabiendo aún sin conciencia, que son estas mismas criaturas que habitan en estas aguas las que sustentan la vida de estos ríos, los mismos ríos que sustentan su vida en estas tierras.

Con enormes cayos de cañasanta, paragüitas, los enormes framboyanes, almendros, jiguillos y júcaros que sombrean su cauce, adornados con la ternura de los patos y sus patitos, amarillos como yemas de huevo, invadidos de las flores blancas de la mariposa y de mariposas que, en grandes grupos, se posan en la fina arena húmeda, con los ásperos e interminables cordones de puntos negros, huevos de sapo que desovan en las aguas más quietas, con sus garzas blancas y grises, sus matuangos y chincholices, nuestros ríos son, sin dudas, parte inseparable a la hora de hablar de La Tinta de Jauco. No podemos hablar de La Tinta sin evitar que salga de nuestra boca la frase: «¡Ay, sí! Y los ríos, ¡qué ricos!».

El cañón del río

Una vez que el río de Baracoa y el río de Caña, o río Jauco, se unen, comienza de ahí en adelante y camino a la costa un viaje precioso, algo que no podía dejar de describir en este libro. Es algo que enamora a todo aquel que tiene la oportunidad de visitar y conocer, que se queda en el alma y en la memoria como un recuerdo grato de los tantos que regala esta tierra.

Todo el camino desde La Tinta hasta Boca de Jauco es un viaje asombroso, donde la naturaleza plasmó lo más creativo de sus virtudes. Es un lugar lleno de historia y de sentimientos, de agua, de sombra, de flores y de un aire puro como ningún otro. Aquí, como testigo del tiempo, el cañón del río ha tatuado en sus blanquecinas paredes las huellas del viento y del agua. Majestuosos e irremontables, los paredones y barrancos parecen tocar el cielo.

Invadidos de una fauna salvaje y muy atrevida que hace colgar palmeras, yuraguanas, campanas de clarín, almácigos, uvas caleta, júcaros, cactus y helechos, que con su verdor hacen trascender a otra dimensión el espectáculo. Todo de aquí es hermoso, desde las piedras grandes y lisas, inundadas de huecos donde se apresuran a nacer cualquier tipo de plantas, hasta el agua que parece más clara, más viva, más potable.

Desde La Tinta de Jauco hasta Boca de Jauco, hay que ir cruzando el río en más de diez o doce ocasiones, en aquel interminable zigzagueo que parece mostrar un río diferente cada vez, debido a que el paisaje es diferente.

La flora latente hace saber por la fuerza que allí habitan muchas especies de pájaros, entre los que se destacan la pequeña y colorida cartacuba, el mítico y misterioso tocororo, ave nacional, los zorzales, los carpinteros, y los zunzunes, que revolotean entre las flores de las orquídeas silvestres, que desprenden un olor a vainilla ineludible, además de otros cientos o tal vez miles.

Las jutías encuentran aquí un lugar perfecto para vivir, debido a que la presencia del hombre es muy escasa y se limita solamente al pequeño terraplén que, por más de 8 kilómetros, se precipita entre pendientes y farallones llenos de manantiales de aguas frescas y dulces, perfectas y listas para beber y aplacar el sediento cansancio que sus lomas provocan. Sin embargo, invitan a ir subiendo o bajando más y más para seguir disfrutando del paraíso, donde se puede llegar a pensar en una existencia infinita.

Las aguas de sus manantiales, como dije, son dulces y frescas, pero ninguna de ellas se compara a la de El Chorrito, parada obligada de todo transeúnte que camina por aquí. Todos conocen El Chorrito, todos han bebido su agua al menos una vez en la vida, todos han sentido la experiencia mágica que invade al ser cuando se bebe de un agua que brota de la tierra misma, de su corazón, como regalo de la madre naturaleza a la vida.

Aquí se llenan los galones cuando vamos a las giras en la playa. Aquí se planifica beber agua a mitad del camino; con el Chorrito se cuenta cada vez que se va a hacer este trayecto, porque él forma parte obligada de aquí.

Aquí es común encontrar las *polimytas* reinando en la frescura y la humedad de los troncos de los árboles, coloridas, curiosas y hermosas, orgullo de toda la región de Baracoa y Maisí.

En una de las paredes labradas del barranco y a unos 15 o 20 metros del suelo aproximadamente, se encuentra una obra de arte de la que aún no se conoce al artista específico. Muchos afirman que fue la mano del hombre, de los aborígenes, primeros habitantes de este lugar, y otros aseguran que es producto de la erosión en las rocas a través del tiempo.

Sea cual sea la razón, pintura rupestre o erosión, algo sí tenemos claro: parece una mujer sosteniendo algo en su cabeza; «la viejita» o «la muñeca», así conocemos esta imagen que, en lo alto de la piedra, se muestra como una curiosidad más y una vista que se busca apuntando entre las hojas de los árboles que, muchas veces, impiden divisarla con claridad.

Famoso también es el paso de La Colmena, por su hermoso pozo y por su historia, debido a la existencia de una colmena de abejas que, en uno de los tantos huecos del farallón, encontró comodidad para allí poner su panal. No importa cuán alto fuera o la peligrosidad de aquella cumbre, el hombre siempre intentó llegar; aunque igual que subió, cayó, dejando colgadas en la altura unas varas como muestra de que ha sido él el único que ha puesto las manos sobre esa roca.

Poco a poco se van quedando las montañas atrás y desaparecen los dos muros blancos que hasta el momento nos tenían presos. Entramos en una llanura que parece no tener fin, donde el sol, que ya calienta con la fuerza que lo hace en las costas, y el olor a sal traído por el viento costero van indicando que el mar está cerca. Los mangales bizcochuelo van dando muestra de civilización, cosa que hasta entonces no había dado señales desde que se dejó La Tinta atrás.

Al final del viaje y como si no fuesen suficientes las sorpresas, nos espera el pueblo de Boca de Jauco, lugar de gente alegre y divertida, de piel resistente al sol, de pescadores habilidosos y costureras excepcionales, dueños de las playas más azules de la región, que invitan a zambullirse en sus aguas para concluir, como diríamos aquí, «con broche de oro» esta aventura que, aunque deja a más de uno agotado, también deja la satisfacción de haber vivido una experiencia única.

Vocabulario y expresiones

No es por hablar de mi pueblo, y no es que piense que sea mejor que otros de los tantos pueblitos montunos de Cuba, pero es que el mío tiene muchos atributos y yo vivo enamorado de ellos.

Más allá de todo esto que hemos conocido y de lo que les he venido describiendo en el libro, pasa que nuestro pueblo también tiene su propia forma de comunicarse, y no me refiero a la sarta de estupideces que muchos dicen, como que nos comunicamos silbando, que nos enamoramos tirando piedras, que hablamos cantando, que entonamos las palabras, que repetimos muchas otras y que hablamos diferente.

Aunque sí debo decir que tienen razón en algo: hablamos diferente. Y les hago saber que esa misma diferencia, de la que muchos se burlan, es la que me ha dado la oportunidad y el placer de pararme a comunicar en grandes escenarios de Cuba y el mundo, un tintero orgulloso de la forma en que se expresa, que habla cantando frente a la televisión y la radio en representación de su gente.

Sucede que cada lugar de nuestro país y del planeta tiene su propia forma de expresarse, y eso no quiere decir que sea menos o superior a otras; eso quiere decir que es una muestra y un reflejo de lo que son realmente. Y cuando se vive orgulloso de lo que se es, cuando se vive sin complejos ni ataduras, se habla usando el lenguaje del alma y el corazón.

No existe la obligación imperiosa de querer impresionar a alguien con algo que no somos. Eso sucede con nosotros: vivimos orgullosos y sin la más mínima necesidad de querer ocultar nuestras raíces. Así hablamos, así lo aprendimos y así hemos vivido, y esto no ha sido barrera para que los hijos de esta tierra lleguen hasta los lugares y responsabilidades más impresionantes en todo el mundo.

Cuando hablo de nuestras propias expresiones, me refiero a que aquí en La Tinta de Jauco tenemos un reservorio de palabras muy nuestras para referirnos a determinados acontecimientos, alimentos u objetos. Son entendibles para muchos, y quiero dejar claro que no digo que se hayan inventado aquí; solo estoy diciendo que son muy usadas entre nosotros, y que cuando vamos a otros lugares y las expresamos, causamos admiración en muchos, simpatía en otros, y risa en los tontos.

Estas son algunas:

- **A Dio vea:** es como una forma de afirmar o de estar de acuerdo con algo.

- **A rayo parta, o mal rayo parta:** puede ser usado bajo presión frente a algo desagradable o en un momento de ira.
- **Anon:** chirimoya.
- **Arrangano:** muy similar al significado de la palabra anterior.
- **Caneco o candil:** lumbrera fabricada con una lata rellena de kerosene y con una ajustada boquilla por donde se pasa la mecha.
- **Canoa:** recipiente artesanal fabricado de yagua.
- **Chero:** se usa para expresar que algo tiene un fuerte y mal olor, además se refiere al olor que desprenden los ovejos, carneros o chivos.
- **Chorizo:** morcilla realizada a partir del intestino del cerdo relleno con su sangre.
- **Creo en Dios Padre:** expresión de admiración y asombro frente a alguna situación.
- **Cutara o chancla:** chancletas.
- Échale: como saludo o halago.
- **Fongo o cambute**: especie de banano de corto tamaño y muy grueso.
- **Guahinche:** fiesta realizada con nuestra propia música e instrumentos.
- **Guanimo:** el bacán, hecho a partir de la ralladura del guineo, sazonado y suavizado con leche de coco y envuelto en hojas de plátano que luego se deja hervir.
- **Guineo flaco:** banana.
- **Guineo manzana:** bananos pequeñitos y gruesos.
- **Jamerga o jamergo:** algo grande, usado principalmente en frutas.

- **Jigüera o jícara:** recipientes fabricados a partir de las güiras.
- **Lepelepe:** persona que habla muy rápido, muy alto y casi sin ser entendida (él o ella formó un lepelepe).
- **Malesa:** desmayo o ataque en el que el individuo termina inconsciente.
- **Mechón:** muy similar al anterior, solo que este se fabrica con cualquier pomo de vidrio y se le coloca kerosene dentro y una mecha a presión, de cualquier material textil o papel.
- **Pa la picha e pocho:** frase de asombro que se usa para denotar algo de suma importancia.
- **Patrulla de gente:** significado muy similar al de la anterior palabra.
- **Pepillo:** halago para enfatizar elegancia en el buen vestir.
- **Picúa o picú:** persona que discute mucho, y siempre se le ve rebatiendo las cosas.
- **Revolico de gente:** multitud desorganizada.
- **Trabuleco:** para referirse a alguien que anda o que es alocado.
- **Trensita:** alimento realizado con el intestino delgado del cerdo, y que, por la forma en que se trenza para ser hervido y frito, toma este nombre.
- **Un bofe o un hígado:** para referirse al mal carácter de una persona.

- **Un tin:** pequeña cantidad.
- **Vociando:** vociferar.
- **Zapote:** mamey.

Y así miles más que no puedo recordar, pero que seguramente usted sí, y que nos distinguen, que nos marcan y que nos hacen diferentes. Pero no diferentes mirando hacia lo negativo, no inferiores, no ignorantes y no atrasados. Nos hacen auténticos, naturales, guajiros, criollos cubanos y tinteros.

Lo que somos es de lo que nos sentimos orgullosos, lo que llevamos en la sangre, lo que fueron nuestros abuelos, nuestros padres, y lo que, en algún lugar del ADN humano, serán nuestros hijos y nuestros nietos. Es el lenguaje de un alma sin ataduras, sin querer parecer algo que no se es, que está lejos de las tendencias y de un mundo marcado por estereotipos ajenos a lo que somos. Es el lenguaje de lo real y maravilloso de un ser, de una cultura, de una tradición y de un país.

Es de lo que estoy orgulloso, de lo que llevo en mi sangre, y aunque tal vez no use algunas de ellas, no quiero decir que no las sienta mías. No quiere decir que sea por vergüenza, porque no existe motivo para sentirlo. Al contrario, por eso están aquí en este libro, porque son dignas de celebrar y de recordar.

Las fotografías

El mundo ha cambiado mucho y ha evolucionado en muchos aspectos; La Tinta de Jauco no es la excepción. La tecnología y los teléfonos inteligentes, que rescatan los momentos con tan solo deslizar la yema de los dedos sobre un botón en una pantalla, han hecho que una fotografía sea lo más común del mundo moderno.

Hace cientos de años, esto no era ni remotamente así. El primer procedimiento fotográfico o heliográfico fue inventado por Niépce hacia 1824. Las imágenes eran obtenidas con betún de Judea, extendido sobre una placa de plata, luego de un tiempo de exposición de varios días. En 1829, Niépce asocia a Louis Jacques Mandé Daguerre en sus investigaciones. En 1832, ponen a punto, a partir del residuo de la destilación de la esencia de lavanda, un segundo procedimiento que produce imágenes con un tiempo de exposición de un día entero.

De ahí en adelante, este invento revolucionario siguió evolucionando hasta llegar a las actuales cámaras de fotografías, tan sofisticadas que sus lentes pueden tomar las imágenes de los mismos astros en la inmensidad celestial.

En nuestro barrio, y estoy seguro de que, en otros tantos de la isla, esa tradición de colgar fotos en la pared se sigue usando, aunque con un cierto grado de extinción. Si hacemos un análisis de las sociedades primermundistas y de las ciudades de nuestro país, esa tradición está casi desaparecida, porque se trata de una tendencia de siglos pasados en la cual las casas estaban llenas de cuadros de sus familiares en cualquier parte de las paredes; ese es el criterio de muchos.

Sin dudas, las fotos son una de las cosas más hermosas que la tecnología, o el hombre y su ingenio, han dejado a la humanidad. Las fotografías nos ayudan a conocer nuestro pasado, nuestras ciudades y sus inicios, así como los inicios de muchas cosas. Si no crees en la importancia de las fotografías, deja que sea esto el único recuerdo que te quede de tus padres, tus abuelos o de tus antepasados.

Olvídate del celular o de tu hermosa cámara con la que has hecho más de una hermosa fotografía y que termina en una computadora en la carpeta que dice «fotos». O más bien, no olvides el celular; piensa en él, pero ahora imagina un mundo sin electricidad por algún evento. Para muchos en Cuba, esto no es muy difícil de imaginar.

Con la falta de energía se muere la batería de tu celular, y con la muerte de tu batería, muere tu teléfono o PC y todos sus contenidos. Si no quieres ser tan extremo como yo, piensa en uno de esos virus que te borran los archivos de una forma permanente y jamás los puedes recuperar. Si en ese momento no habías impreso una foto de ese momento o de ese familiar que ya no está, pues jamás lo tendrás otra vez. Estoy seguro de que muchas familias se han quedado con el deseo incumplido de tener una foto de algún familiar, para no dejar morir su recuerdo o para mostrarle a sus descendientes.

¿Te imaginas lo absurdo del mundo o de la humanidad dejando que nuestra vida dependa de la tecnología, que dependa de algo que puede fallar en cualquier momento? Es cierto que hace nuestra vida más fácil, y no me cierro a su uso racional y su creación, solo que sí creo que estamos mal si pensamos que esta es la única manera de hacer que las cosas luzcan más importantes.

De pequeño revisé y observé más de una vez las cientos o miles de fotografías que hay en mi casa, muchas de ellas centenarias, imágenes en las que recuerdo las hermosas mujeres y los caballeros muy bien arreglados. En una de estas imágenes vi la inauguración de nuestro policlínico y los inicios de nuestro barrio; vi la casa de mis bisabuelos y conocí a mis tatarabuelos y a sus padres. Vi la juventud de mi abuela y la niñez de mi madre.

Vi tantas cosas en aquellas fotografías que nadie puede cuestionarme cuando digo que fuimos testigos y partícipes de un pasado hermoso, que no lo inventé yo ni que lo digo yo; las pruebas están, y en aquel tiempo no se hacían los muy famosos montajes o ediciones.

Es muy hermoso mantener tradiciones que son más que tradiciones; son la forma de vivir esta corta vida de una manera más bonita, más sana y adecuada. Tal vez no llenes una pared de fotografías, pero sí puedes tener algunas de los pocos momentos en los que la familia estuvo reunida, o de tus abuelos cargando a sus nietos, o de esa graduación o bautizo que solo sucederá una vez en la vida.

Para las quinceañeras, el panorama es diferente; aunque su motivo sea más movido por la moda que por la tradición, todavía siguen guardando en imágenes esa edad y ese momento que nunca volverán. Intenta guardar esas fotografías que no necesitan ni electricidad ni baterías para mostrar su valor, ni para desencadenar un sinnúmero de memorias. Guárdalas y cuídalas; en unos años, ellas serán testigos del pasado y el único recuerdo que le quede a tu descendencia para recordar el presente.

Nuestros locos

Después de hablar de tanto y tantas cosas referentes a La Tinta de Jauco, es imposible dejar de mencionar a sus personajes más famosos, las personas que, por sus condiciones físicas, sus habilidades y muchas veces por sus diferencias, han ocupado un lugar no solo en este libro, sino en la inmortalidad que la historia popular les ha otorgado, pasando de boca en boca y de generación en generación, para convertirlos en leyendas de La Tinta de Jauco.

Me imagino que existieron muchos antes de los que yo conozco y también sé que existen otros de los cuales desconozco, pero si algo tengo claro es que en algún momento determinado de nuestra infancia o nuestra adolescencia, tuvimos alguna experiencia con estos personajes, ya fuese porque nos echaban miedo para que no saliéramos en la noche, para que nos portáramos bien, para que hiciéramos los deberes, o simplemente como un acto de maldad sana de muchos adultos que disfrutaban ver la expresión de miedo en los rostros de los niños.

El loco Silecio del Bejuco, Poñoño de Los Tibes, son algunos de los que estuvieron relacionados con mi infancia, pero debo resaltar a Gainza el loco, cuyo nombre verdadero era Elsido Sánchez. Lo conocí porque estuvo muy vinculado a mi familia; en mi casa almorzaba y comía.

Durante muchos años, Gainza el loco fue muy popular en La Tinta de Jauco y sus cercanías. Era un hombre de piel oscura y fuerza descomunal, quien en más de una ocasión mantuvo a este pueblo bajo un suspenso total. A grandes gritos y con discursos interminables, mantenía a límites a todos, ya que casi nadie se atrevía a enfrentarlo.

En sus intermitentes momentos de claridad mental, ayudaba en los mandados a muchas personas y, con su camión, una carretilla a la que él llamaba así, cargaba leña que él mismo astillaba y colaboraba con todos por aquí. Pero cuando se le subía el loco de verdad, hasta candela quería prenderle a lo que se le parara enfrente.

Lo recuerdo con manos grotescas y marcadas por el duro trabajo, con su sombrero, sentado en un puesto específico en la cocina de mi casa, contándome historias y muy preocupado por mi salud. En ocasiones lloraba cuando mi hermana o yo estábamos enfermos, y también lo hizo una de las últimas veces que lo vi, en El Pomo de Guajimero, viviendo con su hermano Juan. Hasta allá mi hermana y yo fuimos a verlo, pues había estado enfermo. Se emocionó tanto que lloró incontrolablemente; jamás lo olvidaré. Como tampoco podré olvidar una de las tantas décimas que me enseñó:

Invité a mi perro Trabuco, al monte a cazar jutía,
me dijo que no podía treparse por los bejucos,
yo le dije: yo te busco, un monte esbelto y espeso,
y me contestó: pero pa' qué yo quiero eso,
si ustedes se comen la masa y a mí me dejan los huesos.

También recuerdo a Xiomara de Cagüeyva, quien padecía esquizofrenia. No puedo dejar de mencionarla; recuerdo que una vez, cuando la farmacia de La Tinta estaba muy ocupada y el gentío era inmenso, la farmacéutica Delci Pérez, habilidosa, atendía aquella multitud que se apretaba en una cola para ir tomando un puesto. En ese momento, entró Xiomara, irrespetando cualquier cola, cualquier turno, o a cualquiera que estuviera por delante. Se plantó frente al mostrador y le dijo a Delci:

—Toma, despáchame ahí.

Como ya todos la conocían y lo menos que se quería en aquella calurosa mañana era desatar la furia de Xiomara, Delci le respondió:

—Mi vida, te la puedo despachar sin ningún problema, pero a la receta le hace falta el cuño. Debes ir al hospital para que le digas al médico que te lo ponga, porque parece que se le olvidó.

Xiomara, muy calmada, recogió la receta y dijo:

—Yo voy; al final aquí lo que no hay es que morirse chiquito.

Y aunque fue muy divertida su contestación, nadie se atrevió a reírse.

Al loco Rogelio lo recuerdo también muy claramente, besando el suelo en su inocente locura, ya que allí, bajo aquel mismo suelo y en algún lugar, se encontraba su madre. Debo decir que tenía muy buena memoria a pesar de todo. Lo digo porque un día, mi mamá y yo viajamos desde Guantánamo hacia La Tinta, y en el camino de Boca de Jauco, nos topamos con Rogelio.

Le dimos algo de lo que traíamos para comer, un peso que pidió, y yo conversé con él durante el tiempo que nos acompañó en la caminata. Luego de eso, se quedó atrás, entretenido con cualquier cosa, pero no sin antes preguntar mi nombre, un nombre que nunca olvidó, ya que, pasados los años, y siempre que me veía en La Tinta, me llamaba por mi nombre: Yunior.

A estos personajes los recuerdo muy bien porque los conocí, pero hubo tiempo atrás otros muy famosos que gozaron en su momento de tal popularidad y fama que trascienden hasta hoy. Tal es el caso de Macaró, un hombre de pequeña estatura, al que se solía usar para los mandados en el barrio. De muy buen corazón, así lo describen las personas que lo conocieron, pero que, por su apariencia un poco descuidada, inspiraba miedo en los niños.

Las uñas de las manos y de los dedos de los pies, muy largas e impregnadas de la sociedad, aumentaban el temor hacia aquel pequeño hombre que solía caminar grandes distancias descalzo y con los zapatos colgados al hombro.

Macaró tiene muchas historias por las que es recordado, pero muchos lo recuerdan también por la frase que usaba para referirse a los demás: «descaradita» o «descaradito». También Chote y Merengue pertenecen a esta lista… todos con sus anécdotas y con sus propias historias, han logrado ocupar su lugar en la historia de nuestro pueblo. Esa locura o esa imagen que en muchos provocó risas fue la culpable de que hoy tengan sus nombres no solo en escritos en este libro, sino en la historia de nuestro pueblo.

Otros personajes han escalado mucho más allá y han conseguido fama mundial. Si, señores, para quien no lo sabía, Avelino Pérez Matos fue un jauquero que vivió en nuestra región hace unas cuantas décadas. Este hombre, aunque no tenía problemas mentales, sí tenía la habilidad de sacar a voluntad los ojos a más de un centímetro de la cavidad en la que estos se encuentran.

En su momento, fue uno de los primeros seres humanos con tal capacidad, lo que le valió fama mundial y un lugar en uno de los museos estadounidenses Ripley's Believe It or Not (lo creas o no, en español). Allí se encuentra su imagen y hasta una estatua, donde los turistas suelen tomarse fotos, convirtiéndolo así en una de las atracciones más significativas de dicho establecimiento.

Nuestros locos, tal vez ni siquiera fueron eso, pero son nuestros locos, a los que nunca se les maltrató, nunca se les dio la espalda, y jamás se les negó ayuda en un momento determinado.

Son nuestros locos, a los que recordamos; personas que, más allá de sus padecimientos mentales, tenían gran sentimiento y un corazón sano. En honor a ellos, a todos los que aquí he mencionado y a todos los que he dejado de mencionar por mi desconocimiento, dedico esta parte de mi libro, porque su nombre jamás podrá ser separado a la hora de escribir o hablar de La Tinta de Jauco.

Juegos y tradiciones infantiles

Cada vez que pensamos en nuestra etapa infantil, es imposible dejar de pensar en nuestros juegos y en las formas en que pasábamos el tiempo jugando y haciendo cosas intrépidas para nuestras edades, conocidas por los adultos como maldades.

Es verdad que no teníamos mucha tecnología, muy poca televisión, nada de celulares y, mucho menos, internet. Jugábamos de acuerdo con las tendencias, y es que sí, todo era según lo que fuera tendencia en ese momento, y les explico por qué.

Muchos recordarán que a esto de tendencias lo llamábamos vicio: un vicio de bola, un vicio de trompo, un vicio de sancos, de carriolas, de papalotes, o simplemente de juntarnos cada tarde a jugar a las escondidas, al topao o a cazar cocuyos. Para nuestras madres, cada tarde la frase «no sudes corriendo por ahí» era una tradición, y es que era muy normal bañarse y salir a encontrarse con los muchachos del barrio para jugar.

Desde encaramarse en una mata y pasar horas en la altura, que daba una de las sensaciones más bellas que recuerdo, hasta tomar una paragüitas del río, recortar las puntas y meterla en un pomo para correr haciendo que girara; o un teléfono con dos latas y un cordel; un caballo de palo o un arsenal de guerra con garranchos de café y palos que simulaban pistolas; hasta los arcos y flechas o fuetes hechos de lengua de suegra o sansevieria, o los cables que se convertían en suizas con dos frascos de desodorantes en las puntas, eran las tendencias de nuestra generación y las anteriores.

Cuántos shorts rompí rodándome en yaguas en la finca o en cualquier otra lomita empinada que diera buen impulso, y que casi siempre tenían de fondo un buen piñolar del que sacaban siempre a algunos dando gritos y a otros diciendo «no me duele», para tratar de minimizar la situación y no perder su libertad.

El río era un aliado para la diversión: los castillos de arena en la orilla, los fogones clandestinos para asar las pequeñas jaibitas y los camarones, los juegos de pelota o voleibol, y toda la magia de la inocencia tenían el encanto que solo nosotros pudimos vivir. Comiendo los primeros mangos de la temporada o los amarillos pomos o pomelos, las escapadas al río en las vacaciones con aquellos primeros amores, y la algarabía de los meses de julio y agosto, con todos los visitantes disfrutando de los ríos, son los recuerdos más hermosos que puedo tener de esa etapa de mi vida.

Fui tan feliz en esta tierra que no puedo imaginar cómo un día llegué a querer irme. No imagino cómo se me ocurrió pensar que encontraría algún lugar mejor que el mío, más hermoso que el mío y más mío que el mío. Pobre iluso soñador, te fuiste buscando la felicidad pensando que era una vida de comodidades y lujos.

Siempre he sabido y tengo claro que lo material no es todo, y aunque mis gustos son algo encumbrados, también estoy enterado de que todo es material y de eso no pasará. Por eso aprendí a vivir lo más real posible, amando lo que se debe amar y queriendo lo que se puede querer. Lástima haber aprendido tan lejos de todo lo que verdaderamente amo.

Tal vez dirás: «Es fácil hablar así desde tu posición», y ahora yo te digo: ¿cuál posición? ¿La de uno que se fue del lugar que más ama? ¿La de uno que va a regresar? ¿O la de uno que ha escrito un libro para un lugar del que quiso irse? ¿Crees que mi posición es la ventajosa? Lo único ventajoso que tengo es haberme ido para darme cuenta de que en verdad quería quedarme, pero para poder aprender eso, y saber si sentirás lo mismo, deberás irte tú también. Es tu decisión.

Nuestra gastronomía

Por supuesto, abordaré este tema y las particularidades referentes a nuestra gastronomía, nuestra cocina y a nuestra forma de preparar los alimentos, que, al igual que todo por aquí, es única. Nuestra gastronomía, como la de todo el país, tiene sus orígenes en las raíces taínas, la cocina española, la africana y la caribeña. Luego, nosotros en la isla le fuimos dando toques y matices que la fueron haciendo nuestra y convirtiéndola en nuestra comida cubana.

Desde la época de los aborígenes, ya teníamos una dieta bien amplia, reforzada con tubérculos y vegetales como la yuca, el ají, el boniato, el maíz, la calabaza, el maní, y frutas como la guayaba, la piña, el anón, el mamey, además de animales como la jutía y las iguanas, así como aves y moluscos. Los jauqueros de antaño tenían como dieta principal la carne de res; existían grandes cantidades de ganado, mataderos y lecherías que se encargaban de la distribución y comercialización de estos productos.

A partir de aquí, y dependiendo de las regiones geográficas de nuestro país, la cocina comenzó a tomar un rumbo diferente, refiriéndome a la forma en que se preparan los alimentos y a los principales platos que se comen, pero sin duda dejando algunos que son identidad del cubano, como el cerdo asado o el puerco asado en púa, el congrí, la yuca con mojo, las frituras de malanga, el arroz con pollo, la ropa vieja o la carne de res guisada o estofada.

En La Tinta de Jauco, nosotros, por supuesto, que siendo tan cubanos como el resto de la isla, comemos los platos antes mencionados, pero también tenemos otros que son un verdadero deleite para el paladar.

Un fricasé de chivo o de carnero hecho en un fogón de leña, un potaje de frijoles gandules o guandúles, un congrí de frijoles caballeros; un arroz con carne de puerco ahumada, un ajiaco o una caldosa son delicias que los de aquí sabemos aprovechar. Una harina de maíz con frijoles negros, unos fritos de guineo con chorizo o morcilla, y unos guanimos calientitos con su carne de puerco y su sazón delicioso.

Tantas cosas ricas que me dan hambre. Para muchos, estos no son platos novedosos porque también se comen en otras partes de la isla y hasta del Caribe, pero no simplemente se trata del plato, sino de la forma en la que se prepara. Para muchos, el fogón de leña es imprescindible y aporta un sabor sin igual a cualquier preparación.

Además, nuestros ingredientes son de los más naturales. Es la mata de oreganito que está sembrada detrás de la casa, el culantro que crece sin preocupación en el patio, la matica de ají que nació por sí sola en cualquier grieta de un muro viejo, o los tomates que recogimos en cualquier parte.

Aquí lo diferente es el sabor que le aporta el achote recién cosechado, el sabor que sale del pequeño güirito donde esos granos rojos tiñen la grasa caliente. Es la manera en que el humo termina de cocinar cada alimento y la forma en que mamá o abuela tapan el arroz con las hojas de plátano.

Claro que aquí la comida es diferente; aquí todo el mundo anda saboreando, así sea en el recuerdo, lo exquisito de un dulce de naranja, hecho con esas hermosas cortezas rosadas, las ciruelas cuarteadas y flotando en el almíbar, el turrón de coco que se apodera de cualquier olfato, el atol caliente de boniato o maíz, o el pan tibio de maíz o boniato.

Yo he desayunado con café y chocolate, guapen y malanga con manteca, y los guineos hervidos no me pueden faltar para una empella de puerco. He destripado una enorme fruta de pan y he visto la televisión comiéndome cada una de sus pepas hervidas. He hecho un fufú de plátanos para comer con hígado encebollado y no olvido el olor del pollo criollo cuando se sofríe, aquel olor que no tiene igual, como tampoco el olor del puerco asado que comienza a apoderarse de todo el lugar. He asado jaibas y camarones y he frito saltarines y biajacas.

Estoy tan orgulloso de nuestra tierra, que nos ha regalado un millar de frutas y vegetales deliciosos, como el amarillo perfecto de ese aguacate que ha madurado a su tiempo y al mismo tiempo que han madurado perfectamente los mangos y las papayas, las guanábanas y las guayabas que encontramos en el camino.

Existen tantos olores por mencionar, tantos sabores que no podré describir aquí por falta de tiempo, pero que jamás olvidaré, como jamás olvidaré el bofe asado con guineos y la compañía de alguien a quien quiero con la vida, o el olor y sabor del seso de puerco asado, que mi abuela Nena me envolvía en hojas de guineo y enterraba en las brasas de su fogón mientras yo esperaba desesperadamente que aquel manjar estuviera listo. Yo le brindaba un pequeño pedacito y ella me decía: «No, mijo, no me des tanto; come tú, que ya yo he comido bastante, por eso soy tan inteligente».

De nuestros platos son tantos que no podré describir o mencionar todos, pero voy a tratar de recoger los más tradicionales posibles y, por supuesto, voy a empezar con mi favorito, *el guanimo*.

Guanimo

El guanimo es una preparación exquisita que se elabora a partir del guineo rayado. Luego, este se mezcla con un oloroso sofrito de ajo, cebolla y todas las especias que aparezcan, al que también se le agrega carne de puerco.

Una vez que se tiene todo este guiso preparado, se le añade a la ralladura del guineo, que se va suavizando en muchas ocasiones con leche de coco, y toda esta masa se va envolviendo en las hojas de la planta del guineo, mareadas al calor para que resistan al ser manipuladas.

Después, se hace algo que es parecido a la envoltura de la hallaca o el tamal y se pone a hervir para que se cocine. Aproximadamente una hora y media después, ya se puede disfrutar del sabroso guanimo.

Otro de mis exquisitos platos es el pan de boniato

Se hace rayando el boniato de igual manera, mezclándolo con azúcar, especias dulces y un poco de leche de coco, además de la ralladura de este. Una vez que tenemos toda esta masa, la vertemos en un caldero revestido con hojas de guineo y la ponemos a cocinar a fuego lento, o más bien con brasas arriba y abajo.

Al pan de boniato, hay quien le agrega un pedacito de jengibre; a mí me gusta el toque que le da. Lo que sí es indiscutible es el delicioso sabor de este postre.

Por otro lado, tenemos también las morcillas de puerco

Se hacen limpiando perfectamente los intestinos del cerdo, un proceso bastante riguroso que demora horas, en el que se restriegan las tripas por fuera y por dentro con ácido de naranja agria, sal y abundante agua para evitar que queden olores o sabores indeseados.

Una vez que todas estas tripas o intestinos están completamente limpios, lo que sería el intestino gordo se comienza a rellenar con sangre, especias y parte de las empellas del cerdo. Esto da lugar a la morcilla, como tal, o chorizo, como le decimos aquí, que, después de hervida, se fríe, y hay que ver lo rico que es.

Con el intestino delgado se hace algo parecido, solo que este no va relleno, sino que se teje de una forma peculiar, parecida a una trenza, y así se hierve y se fríe. A esto le llamamos trencitas. Debo agregar aquí que también aprovechamos la panza o el buche del cerdo, que, al igual que los intestinos o mondongo, como decimos aquí, se lava perfectamente bien y luego se hierve y se fríe.

Un estelar de las nochebuenas es el dulce de naranja o toronja

Las más apropiadas para esta preparación son las aquí llamadas toronjas, de color naranja oscuro en su cáscara y su interior rojas como sangre. Las naranjas se pelan con mucha precisión para evitar quitar la corteza rosada, que es la que se utiliza para el dulce, pero sin dejar tampoco el verdor de las cáscaras, que son extremadamente amargas.

Una vez que se tienen las cortezas, se lavan y se hierven, y se lavan y se lavan hasta que el amargor se va. Luego, se cocinan en almíbar hasta que su color indica que están impregnadas de azúcar. Este es un postre muy delicado y delicioso.

El atol de boniato

Se hierven los boniatos con un puntito de sal, se aplastan bien, y, una vez que se tiene esta pasta uniforme, se le agrega la leche, el azúcar y algunas especias dulces. Se cocina por unos 15 minutos a fuego medio y ya está lista esta deliciosa bebida. Mi abuela siempre la preparaba tradicionalmente para Semana Santa, aunque en cualquier época del año la hacía igualmente.

Las bolas de cacao

Las bolas de cacao son delicias redondas que te hacen más fácil el desayuno. Se preparan fácilmente. Lo primero es cosechar el cacao, por supuesto. Después de que ya se secan sus bellotas, se separa la dura cáscara del cacao; este se muele con especias dulces de la preferencia de cada persona que lo prepare, aunque este es un paso que no es necesario.

Luego, esta mezcla, un poco húmeda por la manteca del cacao, se mezcla con harina de trigo y se van haciendo las bolas, que se ponen a secar en algún lugar fresco. Pasados unos días, estarán duras como piedras. Solo basta con rallar un poco de estas y añadir ese polvo a la leche, dejando cocinar por unos minutos, y tendrás el mejor chocolate y el más oloroso servido frente a ti.

El arroz con jaiba

No es lo mismo que el arroz con cangrejos; estoy hablando de arroz con jaibas, las jaibas de nuestros ríos y cañadones, las mismas que se entumecen o se pasman si les da la luz de la luna.

Estas se limpian de la siguiente manera: se les quitan las patas y las muelas, y se limpian por dentro. Se les saca el intestino o algo parecido y solo se les deja las masas blancas. Las patas y las muelas se aplastan y se les sacan también sus masitas, y todo eso se reserva.

Luego se hace un sofrito, se agregan las jaibas y todo lo extraído de sus extremidades, se sofríe bien y luego se añade el arroz y el agua necesaria. Se deja cocinar y a disfrutar.

Enchilado de jaibas o cangrejos

Al igual que para el arroz, para el enchilado se limpian las jaibas y los cangrejos. Hay que saber distinguir entre las hembras y los machos para aprovechar algo que se llama las guevas, que según muchos es exquisito.

Luego, todas las jaibas o cangrejos limpios se echan en un caldero, junto al sofrito ya listo, y se dejan cocinar unos minutos. Se les añade un poco de agua y, cuando adquiere un color específico y una textura espesa en el caldo, ya está. Ah, el picante no puede faltar, y hay quien le añade un poco de leche de coco.

Puede que sea hambre lo que estoy sintiendo ahora, pero estoy convencido de que el sabor de nuestra comida es único. Atendiendo a todos los elementos que he mencionado anteriormente, comprendo que en muchos de ellos está el porqué de nuestro sabor único.

Además, entiendo que muchas veces no es solo la comida; muchas veces es la compañía la que da sabor. Muchas veces es el lugar el que deja esa experiencia única. Por eso entiendo ahora que no se trata de puerco o res, de pollo o pescado, se trata del lugar y la compañía.

Si no me crees, ve y come en cualquier parte del mundo y elige lo que quieras. Te aseguro que no sabrá igual que la comida de tu madre, servida en aquellos platos con dibujos de flores que alguien le regaló un día de las madres o que heredó de sus anteriores. Con aquel mantel guardado celosamente para ocasiones especiales y ya gastado de tanto ser lavado y restregado.

Ninguna comida sabrá igual que aquella que se sirve en la mesa de madera, marcada por tantos almuerzos y tantas cenas, tal vez carentes de lujos, pero sobradas en sinceridad y alegría. Nuestra comida sabe diferente, y es que nosotros somos ese ingrediente especial y nuestra tierra termina de condimentar nuestra existencia de forma única.

La nochebuena, la navidad y el fin de año en La Tinta de Jauco

Qué belleza encierra la Navidad con sus luces y colores, sus regalos y sus fiestas en el mundo. No puedo dejar de escribir sobre estas fechas aquí por más de un motivo.

La Navidad es el momento en que el pueblo cristiano celebramos el nacimiento de nuestro Señor Jesús, un momento que, más que nunca, muestra cuán grande es el amor de Dios hacia su creación, al enviar a su único hijo a nacer, vivir y morir como hombre para cargar con nuestras culpas y pecados. En todo el mundo, esta es una de las celebraciones más importantes del año; es el momento en que la familia se reúne y se medita sobre todo lo dichoso que se es de poder celebrar junto a los suyos esa fecha.

Si bien es cierto que en los países que he visitado la Navidad es preciosa, con sus ornamentos y luces, también es cierto que, para mi percepción, tiene un alto grado comercial y material, ya que para algunos es solo el momento en que recibirán un regalo que han estado esperando muchas veces durante todo el año. Aunque no digo que no existan familias con un profundo y genuino espíritu navideño.

La Navidad en Cuba tenía las mismas características que en los países del norte de América, Estados Unidos y Canadá, en mi opinión, dos de los países que he podido visitar con las Navidades más bellas. Sin embargo, con el triunfo revolucionario del 1 de enero de 1959, estas celebraciones cristianas fueron prohibidas, al menos en carácter social y cultural. Solo las familias más conservadoras y cristianas continuaron celebrando la

Navidad y poniendo su arbolito navideño como muestra fiel a su religión.

Una de estas familias fue la mía, en la que mi abuela Nena siempre tuvo su arbolito con los adornos de antaño, y siempre se celebró la Nochebuena y la Navidad. Tengo de estas fechas los recuerdos más hermosos de mi vida. Con puerco asado en púa y la gran congregación de familiares, vecinos y amigos, se celebra esta fecha en mi familia y en esta región de La Tinta de Jauco.

Aquí no todo el mundo pone luces o arbolitos, pero por motivos más económicos que religiosos, todo el mundo se guarda, aunque sea un huevo, para ese día del 24 de diciembre, el momento de la cena más hermosa del año. Sé que, hasta el día de hoy, económicamente ha cambiado muchísimo todo, pero lo único que no nos puede cambiar es el alma.

Tal vez no tengamos lo mismo para celebrar hoy, pero no podemos dejar morir el deseo de hacerlo. Mañana tendremos lo necesario y volverá el humo que denota que se estaba asando un puerquito en cada hogar o en el lugar elegido por las familias para celebrar ese día.

En La Tinta de Jauco no celebramos la Nochebuena, la Navidad o el 31 de diciembre esperando regalos, ni por intereses económicos; lo hacemos porque el alma trae ese deseo de reunión y de compartir con amor. Mi abuelo Rolando adaptó la celebración del 24 de diciembre a su producción cafetalera y a la conclusión de la zafra cafetalera en esa misma época, y mi tío Rolandito siguió la tradición. En la finca nos reunimos para celebrar todos esos motivos.

Aquí se celebra esta fecha por motivos profundos que no sabría explicar con palabras, más sí con las lágrimas que tengo en mis ojos en este preciso momento. Se celebra por la unión de la familia, por el agradecimiento de poder estar vivos, aunque con miles de problemas. Aquí se espera el Año Nuevo frente a la iglesia o dentro del templo, con el drama del año viejo y el año nuevo.

Se espera que se termine el programa de la iglesia y, cuando rompe el Año Nuevo, nos saludamos y nos abrazamos como la gran familia que somos. Ponemos música, quemamos un muñeco del año viejo, pero no quemamos el año que hemos vivido, como muchos creen; quemamos las cosas que hicimos mal y que estamos dispuestos a rectificar para el año nuevo.

Recuerdo el centro del pueblo, donde Rigoberto Rigo López, con su música y su familia, es el punto de encuentro para que se reúna todo el vecindario. Mi familia, por tradición de mi abuela Nena, siempre estuvo en la iglesia bautista esperando el Año Nuevo. Luego, mi mamá nos enseñó a mi hermana Yuri y a mí a ir a felicitar a los vecinos y recorrer gran parte del barrio para compartir la dicha de conseguir otro año en salud y unidos.

Mis abuelos paternos, Óscar y Eve, siempre tenían sus animales listos para esa fecha. Mi abuela Eve Ferrer, desde mediados de año, ya tenía señalado cuál sería el marrano que estaríamos asando todos sus nietos e hijos reunidos en su casa. Si algo disfrutaba mi abuela era ese momento.

Estoy escribiendo esta parte por el orgullo y la pasión que estas fechas tienen en mi vida, por los recuerdos, por el dolor y la añoranza, la melancolía y hasta el arrepentimiento de cada vez que llega otro año y debo celebrar Nochebuena, Navidad o Fin de Año lejos y sin ustedes, mi familia y mi barrio. Amo hasta la médula de mis huesos cada día que pasé en este lugar, aún con los problemas que hemos tenido por años, pero que no han sido suficientes para quitarnos el amor y la bondad. Eso es el orgullo de mi tierra, es mi orgullo y el de todos los de aquí.

Nuestros caminos

Por nuestra geografía montañosa, nuestro pueblo está inundado de caminos, carreteras, trillos, trochas, rodeos y desvíos que facilitan la comunicación terrestre y el tránsito de nuestra gente por estos parajes. La carretera desde Maisí hasta La Tinta es pintoresca, con grandes precipicios y lomas que constituyen todo un despliegue de maniobras para los choferes.

Igualmente, desde Baracoa hasta nuestro pueblo, la historia es la misma: grandes lomas peligrosas, terrenos irregulares y tramos de fango, pero eso sí, con unos paisajes y una vegetación espectacular. Sin dudas, el más hermoso de nuestros caminos es el de La Tinta de Jauco hasta Boca de Jauco.

Todos los caminos son especiales y están marcados por peculiaridades que los distinguen unos de otros, y no hablo solamente de lo diferente que lucen; hablo de cada uno por algo en específico que lo hace diferente. Por ejemplo, el anoncillo: todos nos referimos a este árbol para hablar de esa parte de un camino en particular. También podemos decir, en la macagüita, «en el jiguillo», «en el rodeo» o «en el mango macho», y con eso basta para que sepamos de qué lugar nos hablan.

Existen otros caminos que siempre son fangosos y sabemos que transitarlos será difícil, otros que nunca salen de nuestra mente y tenemos guardados en nuestro interior: cada curva, cada piedra o raíz que sobresale del terreno, cada loma, el color de la tierra y hasta las hierbas que se abalanzan a nuestros pasos. Hay caminos que siempre quisiéramos transitar, como el camino de regreso a la casa de los abuelos, o el camino para encontrarnos con nuestros amores.

Hay caminos que se nos hicieron largos más que nunca por alguna situación específica, y existe siempre ese tramo de algún trillo o carretera que sentimos más largo al acercarnos a nuestra casa. Hay caminos llenos de historias y de miedos, otros llenos de peligros y desafíos, pero sin dudas, los caminos que nos conducen a nuestro pueblo son los que más nos llegan al alma. No importa cuánto haya que subir o bajar, cuántos ríos debamos cruzar; no importa nada en ese camino de regreso.

He decidido escribir sobre los caminos de nuestro pueblo porque sé que todos, al igual que yo, desearían volver a recorrer ese camino que les permita reencontrarse consigo mismos.

Muchos, aunque no sean de La Tinta de Jauco, tienen ese camino que siempre quisieran volver a recorrer. Siempre pienso en las lomas de la Colmena y en los cientos de veces que las recorrí para ir y venir de mis escuelas. Pienso en el camino de Boca de Jauco, en las veces maravillosas que subí y bajé, que me senté en una de sus piedras y bebí agua en uno de sus manantiales.

Recuerdo los caminos de la finca de mi familia, en cada raíz, en cada loma. Extraño cada recorrido que hice, sin saber que recargaba mi energía en esos lugares hermosos, rodeado de árboles constelados de orquídeas y curujeyes, de helechos en las piedras y del olor a pureza. Hay caminos que duelen, y recuerdo con mucho sentimiento que mis padres llegaban a la secundaria o al preuniversitario con el fango hasta sus rodillas, llevando bolsas de comida para que yo pudiera estar un poco más a gusto. Esos caminos de la loma del Naranjo, Sierra Verde y otros jamás saldrán de mi mente.

Cuando estaba cruzando la selva del Darién, una mortal jungla entre Colombia y Panamá donde miles han perdido su vida, recuerdo que el tercer día de caminata llegamos a unos lugares de pantanos interminables para la vista humana. En uno de ellos, me hundí hasta las rodillas o un poco más abajo.

Como llevaba botas de goma puestas, ya que eran las únicas capaces de resistir aquel desafío, mis pies se quedaron trabados entre el fango y toda la bota se llenó de este. No podía mover los pies. En ese momento, la imagen que llegó a mi cabeza fue la de mi madre, con el fango colorado casi hasta su cintura, llegando al preuniversitario de Santa Rita, el primer miércoles del primer curso que allí cursé. Esa imagen me dio fuerzas para salir de aquel infierno de fango, aguas y plantas.

Esos caminos marcan, y los nuestros nos han marcado. Solo de pensar que por allí caminaban nuestros padres, nuestros abuelos o nuestros antepasados, nos dejan ese sabor agridulce de lo que se extraña y ya no está. Ese camino por el que pasaban nuestros vecinos al regresar de la bodega o la tienda con sus compras y el camino de regreso de la escuela.

Desgraciadamente, nuestras carreteras y caminos no gozan del mayor mantenimiento, y si a esto le añadimos nuestras condiciones meteorológicas y geográficas, casi nos quedamos sin caminos. Pero aun así, no existe mejor imagen que la que podemos ver al estar llegando a nuestro pueblo, al ver las primeras casitas que nos dejan saber que ya estamos en nuestra tierra.

Esos caminos son benditos, son los que jamás olvidaremos y son los que llevamos marcados en nuestro ser por siempre. No importa lo difícil que haya sido ese viaje, pero indudablemente, cuando llegamos aquí, todo se torna diferente.

El blanquillo

Una de las imágenes más hermosas de las campiñas cubanas es aquella en la que aparece la palma real, con unas montañas de fondo y donde sobresale el pequeño bohío, de tablitas de palma y muy bien cobijado de guano. Esos paisajes denotan la belleza y la sencillez de los campos de nuestra isla.

En esta parte del libro quiero contarte cómo esos bohíos lucen tan hermosos a pesar de su humildad y simpleza. Como ya comprenderás, los temas de pinturas de vinil o aceites de colores vivos y en gran diversidad son muy limitados para la mayoría de los intrincados pueblos de Cuba, como es el caso de La Tinta de Jauco y sus comunidades aledañas.

El centro del pueblo, desde tiempos pasados, siempre estuvo un poco más actualizado en este aspecto; las casas lucían sus modernos colores, pero los bohíos de más adentro, los de tablitas de palma, guano y piso de tierra, también se engalanaban. Y si no me crees, espera que ahora te cuento.

Como expliqué en otra parte del libro, los bohíos son esas pequeñas casitas que se construyen con la madera de la palma; para el techo se ocupa el guano, y su piso es, por lo general, de tierra. Dependiendo de su tipología, algunos son cubiertos, en vez de tablas de palma, con yaguas. Estos, a su manera, se arreglan muy bien. El piso se humedece, se riega con cenizas, y se vuelve a humedecer; luego se le dan golpes para aplanar la superficie del suelo, ayudando así a que la capa de cenizas quede adherida. Después de este proceso, el piso queda nítido.

Pero lo más interesante y una de las razones por las que aquí escribo esto es la pintura empleada para embellecer las paredes. Este es un misterio llamado blanquillo.

¿Qué es el blanquillo y cómo se prepara?

El blanquillo es un tipo de tierra que abunda por estos lugares, entre Baracoa y Jauco. Como su nombre lo indica, esta tierra generalmente es de color blanco, aunque no siempre es así. Se recolecta para fabricar lo que, después de un proceso específico, será la pintura llamada blanquillo. Como mencioné anteriormente, hay otros colores en este recurso natural. Además del blanquillo blanco, que es el más común, también existe otro que es de un color azulado o morado claro, al que también llamamos blanquillo.

Toda esta tierra se coloca en un lugar a reposar y se le agrega agua. Durante los próximos días, se deja descomponer o, como decimos aquí, se deja pudriendo. Este proceso es imprescindible para que la pintura se adhiera a la pared y evitar que se borre al rozarse.

Después de unos días, cuando el fango queda listo para su cometido, se cuela para que queden fuera del líquido espeso restos de hojas, pequeñas ramas y piedrecitas. Y ya tenemos el blanquillo. De ahí en adelante, se le irá añadiendo agua según el espesor deseado, y quedará listo para pintar de alegría aquellas pequeñas tablitas de palma.

Orgullosamente se contemplaba aquel hogar de paredes blancas, en el que quedaba prohibido recostar taburetes para no tumbar la pintura y en el que muchos vivieron sus años más plenos, sin muchos lujos, pero siendo felices con lo que tenían. Lo digo por los testimonios de personas muy cercanas, como es el caso de mi abuela Nena, quien, después de vivir en abundancia y lujos en una de las viviendas más vistosas de toda la región, se enamoró de un joven campesino con quien contrajo matrimonio.

Él construyó una pequeña casa de tablitas de palma que luego fueron pintadas con blanquillo, para allí iniciar su familia, una que mantuvieron por más de 50 años hasta que la muerte los separó. Aunque para ese momento ya su casa lucía completamente diferente, mi abuela siempre mantuvo que fue tan feliz en aquella casita con mi abuelo y sus hijos que, recurrentemente, anhelaba los años en que la casa era un bohío, pero tenía todo lo que necesitaban para ser felices.

Yo también recuerdo la antigua cocina de mi casa, no la actual, sino la que existió antes de la revolución de construcciones que mi mamá ha emprendido en nuestro terreno y de las interminables remodelaciones. Aquella cocina era de guano y tablitas de palma también, con tablas separadas que daban temor solo de pensar que en la noche los ojos de alguien se asomaran observándote desde afuera.

Una vez la pintamos con blanquillo por dentro y por fuera, solo que aquel blanquillo no era blanco porque *a la genio* de mi madre se le ocurrió echarle un poco de mercurio. Esta impensable mezcla dio como resultado un color rosado claro. Bueno, realmente se vio bien nuestra cocina aquel fin de año.

También recuerdo con cariño la casita de Iliana Lobaina; parecía de muñecas, pequeña, pero todo muy limpio y organizado, y su casita muy pintadita. Iliana todos los días cambiaba la estructura de la casa. Podías entrar un día por la sala y al otro día la entrada estaba ubicada en otro lugar. Guardo recuerdos muy gratos de los miles de veces que pasé mis días jugando allá arriba.

Este tema sobre el blanquillo me interesa muchísimo, y por más que investigué, parece que en otras regiones de Cuba no se utiliza. Tampoco encontré ningún tipo de información en internet, y por eso escribo sobre lo antes mencionado, por el poco o casi nulo conocimiento relacionado a esta práctica. Si bien no digo que sea ingenio exclusivo de los habitantes de estas regiones del país, estoy seguro de que continuamos siendo de los pocos en usarlo.

El huracán Matthew

Creo que no podré terminar este resumen de historias y acontecimientos de nuestro barrio sin mencionar al huracán Matthew, que marcó un antes y un después. Fue como un fin, pero se convirtió en el principio de una recuperación que parecía imposible. Aunque sé que para muchos trae recuerdos desagradables, forma parte de nuestra historia y tendrá que pasar al futuro con los detalles que lo hicieron único.

Toda la isla de Cuba, por su situación geográfica, es asediada por huracanes o tormentas tropicales, específicamente desde el primero de junio hasta el 30 de noviembre. Esta es la temporada ciclónica en Cuba, y siempre estamos a la espera de que un fenómeno hidrometeorológico como estos pueda afectarnos.

En La Tinta de Jauco, específicamente, existen huracanes que han pasado a la historia por sus atrocidades, que no solo afectaron esta región, sino que a todo el país. Los principales fueron el huracán Hilda, en septiembre de 1955, y el huracán Flora, el 3 de octubre de 1963, que causó la muerte de 1,126 personas en el Oriente cubano durante las 110 horas que duró su azote. Además, este último es catalogado como la segunda catástrofe más grande registrada en la isla de Cuba.

El principal impacto de Flora sobre el territorio de La Tinta de Jauco no solo fueron sus enormes vientos, sino las intensas lluvias que causaron la destrucción de muchos cafetales, la feroz crecida de los ríos y el desprendimiento de tierras.

El mes de octubre de 2016 trajo a La Tinta de Jauco una de las experiencias más amargas que esta generación recuerda, como si este mes reservase cada cierto tiempo el mismo destino para nosotros.

El huracán Matthew fue el decimocuarto de la temporada de huracanes de 2016, considerado el huracán más fuerte que ha afectado al área del Caribe desde el huracán Félix en 2007, uno de los más potentes en las últimas décadas en el Océano Atlántico y uno de los más destructivos en Cuba.

El 4 de octubre de 2016 tuvo un amanecer catastrófico para los habitantes de La Tinta de Jauco y todo el municipio de Maisí. Las fuertes rachas huracanadas de Matthew se manifestaron de forma brutal, y en el pueblito de La Tinta muy pocas viviendas quedaron con techo. Otras cuantas fueron incapaces de soportar el monstruo que las derribó y las redujo a escombros que se dispersaron por todo el barrio.

Debemos considerar que para ese momento eran muy escasas las construcciones de mampostería que existían en el pueblo, lo que constituyó la mayor pérdida en el bloque habitacional. Entre algunas casas de concreto que albergaron a unas cuantas personas, el Policlínico y el Templo Bautista jugaron un papel primordial en salvaguardar las vidas de muchos.

Fue una noche intensa y terrible, una noche en la que muchos reaccionaron a la imponente fuerza de la naturaleza y a la misericordia de Dios, que nunca desamparó a ninguno de los tinteros que en esos momentos vivían uno de los episodios más terroríficos de sus vidas.

Las crecidas de los ríos fueron muy fuertes; el puente de La Tinta, frente a mi casa, estuvo a apenas un metro y medio o dos metros de ser cubierto por el río, y considerando que la altura del puente es de unos 10 metros, fue un volumen de agua bastante considerable.

El verde de los alrededores, la vegetación brillante que es hermosa aquí, adquirió un color pardo y quemado que hablaba por sí solo de la fuerza de los vientos que arruinaron las hojas y las palmeras. Todo el ambiente contribuía a la imagen entristecedora del panorama.

La frase «PERO ESTAMOS VIVOS» era la forma en que las personas se daban aliento al ver que unos habían perdido más que otros, pero que todos, de igual manera, habían perdido mucho en el ámbito material. Sin embargo, el agradecimiento a Dios por la vida estaba intacto, al igual que la solidaridad. Aunque parezca increíble, no cobró ni una sola vida.

Es indiscutible a cualquier nivel el apoyo de las instituciones del gobierno, que devolvieron los caminos, las comunicaciones y la electricidad en tiempo récord, si miramos el tamaño de la destrucción, que no fue solo para nosotros, sino también para otros municipios de Guantánamo.

Luego de él es que aparecieron y se convirtieron en más comunes las viviendas de mampostería y la señal celular, con sus altos y bajos. Y si bien es cierto que nada sucede sin dejar algo positivo a su paso, el huracán Matthew es una de esas cosas de las que estoy muy seguro: no queremos más por aquí.

Casi te olvido

Ahora tengo sueño y el frío me hace no querer sacar las manos fuera de este suéter de lana, tejido con adornos andinos que compré llegando a Perú. Pero este es el castigo que debo pagar por casi haberte olvidado, guardián solitario, esfinge de sueños e historias, testigo de épocas y fiestas, de pleitos y amoríos; solo Dios sabrá de cuántas conversaciones que guardaste en silencio.

Te conocí tan bien, estuvimos tan cercanos que me parece estar pasando mi mano por tu rugoso tronco salpicado de la pegajosa savia que brotaba de tu interior. ¡Ay, cómo lloré tu caída! Cómo lloré al llegar a mi pueblo en aquel octubre gris y ver tu tronco y tus ramas aún verdes y perennes regadas por todo el parque luego de aquel odioso huracán. Estoy seguro de que ese parque te extraña tanto que no ha vuelto a tener la misma lucidez de cuando aquel pino infinito se mecía en su centro.

Nuestro viejo pino, cómo se extraña tu presencia, tu mirada y tu significado. Ese huracán se llevó parte del alma de un pueblo que creció viéndote ahí; tú hacías al parque y el parque te dejaba ser tú. Yo recuerdo cómo miraba desde el suelo hacia tus ramas, que parecían un laberinto infinito lleno de curujeyes y nidos. Y recuerdo tu olor, olor tan tuyo, tan a pino.

No dejaría de escribirte ni aunque me costara hacer un segundo libro solo por ti. No te dejaría olvidado ni a ti ni a ninguno de esos miles de árboles que nos dieron y nos dan una vida más placentera y un aire más limpio y puro. Tú caíste con dignidad; la naturaleza te permitió estar, perdurar, y fue ella misma quien decidió cuándo pasarías al alma de este pueblo de La Tinta de Jauco. Pero para otros de nuestros emblemáticos árboles, el destino ha sido más miserable, esos que fueron talados por las mismas manos que un día les dieron sombra.

Todos deberán recordar la majestuosa Macagüita de Guajimero, unos con melancolía y cariño, y otros con vergüenza y arrepentimiento. Todos los que no la conocieron fueron sentenciados a eso por muchos de los que hoy no tienen ni electricidad ni sombra donde sentarse a esperar transporte o a mantener una conversación en aquel obligado punto de encuentro.

Pero tú, pino, fuiste cuidado celosamente, como un anciano que ve crecer su descendencia. Tal vez para muchos no tenga mucho sentido escribir de un pino, teniendo en cuenta cuántos existen, pero este pino del que escribo era especial. Fue una araucaria que sembró hace casi un siglo una dama de aquí, y de cuyo nombre no puedo acordarme, tal como le ocurrió al Quijote.

Este pino creció al mismo ritmo de la evolución e involución de nuestro pueblo; vio nacer y crecer a mis padres, y me vio nacer y crecer también a mí, y a muchas generaciones de jauqueros que veían a este árbol cómo a una persona mayor a quien hay que respetar. Era altísimo, como casi todas las araucarias, y muchos decían que le faltaba poco para que su punta pudiera ver el mar, y que entonces comenzaría a morir.

Sus hojas parecían una especie de rabos escamosos, y al secarse, el color marrón brillante, como barniz, los hacía ver hermosos. El tronco era perfectamente redondo, y el tramo desde el suelo hasta donde comenzaban las ramas era bastante alto.

Yo de pequeño siempre decía que cuando me fuera del país, regresaría y lo llenaría de luces en alguna Navidad. No pude hacerlo, querido pino; la vida no nos dio tiempo. Pero lo que sí he podido hacer es dejarte perpetuado en este libro y en la memoria de los que no tuvieron el placer de conocerte.

La vida sí nos dio la oportunidad de que el mundo vea que no fuiste un simple pino, sino que fuiste nuestro pino, uno especial, uno al que se le escribe, un pino único: el pino del parque de La Tinta de Jauco, uno que siempre será recordado.

La Mesa, madre protectora

Este será el último de los temas que voy a escribir y lo haré de una forma diferente. Más que escribir, les voy a describir cuán afortunado he sido y cuán afortunados son cada uno de los tinteros o jauqueros. Para mí, esta es la parte más hermosa y profunda de mi libro; ojalá la puedan entender como deseo. Si pueden comprender esta parte del libro, todo esto habrá valido la pena.

Cada paisaje tiene su fondo único, ese que observamos con detenimiento para grabar sus detalles, ese que distingue un lugar, uno que da identidad y uno que se ama. Para el barrio de La Tinta de Jauco, La Mesa es ese fondo protector, el que nos abraza para dejarnos ocultos del mundo.

Recuerdo nostálgicamente las mañanas lluviosas cuando la niebla comenzaba a despejarse y poco a poco surgía imponente la gigantesca montaña, verde como el lugar donde hay vida, con su marca distintiva: casi en su centro, una pequeña parte carente de vegetación que deja en descubierto el pedregoso acantilado.

Es tan misterioso todo con respecto a este lugar que desde pequeño anhelé poder explorar un poco de la virginidad de sus rincones.

Lo hice, gracias a Dios. Subí hasta allá arriba y, aunque agotador fue el camino, no podría explicar humanamente la sensación que produce pararse cerca del precipicio y mirar lo diminutas que lucen las cosas que pensamos son grandes. Ver las nubes desde un punto tan elevado, donde no parecen tan lejos ni tan nubes, y sentir el aire en el rostro de tal forma que no huele a más nada que pureza.

No dudaré en subir en cuanto mi Dios me conceda el milagro de regresar a mi pueblo amado. Muy pocas cosas en la vida me han causado tanta satisfacción como aquella aventura que me llevó, junto a mis estudiantes de 8º grado, a subir a La Mesa, bajar hasta Boca de Jauco y regresar a La Tinta por el río ese mismo día.

Parecerá increíble, pero La Mesa está llena de ríos, muchos secos aparentemente y otros donde se asoma el agua brevemente, mostrando lo sublime que es la naturaleza al bendecir con esa agua a las criaturas que viven en aquella altura tan remota. Vestigios vagos y casi sepultados por las hierbas y los matojos dejan ver que el hombre quiso doblegar el curso de la naturaleza.

Para conseguir subsistir allí, es imposible hacerlo de la manera moderna; allí hay que ser un elemento más del paisaje y un ser viviente que se refugia en tanto verde. Hay que aprender a ser tan humano que lo que hoy conocemos no nos haga falta para vivir.

Sus paisajes son muy diversos; existen grandes praderas cubiertas de hierbas y guayabas silvestres que se mecen con la interminable brisa que se apresura a refrescar el abrazador calor. Cada planta ha aprendido a vivir de la sequedad del suelo y sus peladeros, llenos de zarzas y cactus, nos hacen reflexionar sobre que a todo somos capaces de adaptarnos cuando decidimos vivir y sobrevivir.

Por otro lado, más fresco, aparecen los ríos secos, rodeados de una exuberante flora que nos deja bien claro que el agua por allí es algo fácil de encontrar. Los almácigos colorados descascaran su corteza, y los cupeyes y las guásimas impiden que el astro rey reseque el húmedo suelo, inundado de helechos. Los cocoteros son mecidos por el salvaje viento, a veces tan fuerte que se escucha el rugir de sus pencas en las alturas.

En otra parte del recorrido, me fijé en que crecía de manera elegante y exclusiva un arbolito de cintas, uno de esos que nuestras abuelas sembraban en los jardines por lo colorido de sus hojas. Pensé que, por allí alguien, en algún momento, había tenido su casa, y efectivamente, lo corroboré unos metros más adelante por la marca que deja el hombre en los lugares donde intenta asentarse: muros de piedra y concreto.

¿Qué son los muros frente a un monstruo como aquel lugar que no ha podido ser domado? Más bien han sido reforzados con más vegetación: mangos, mameyes, zapotes y plátanos que fueron traídos aquí como extraños y que con los años han ganado el derecho de llamarse parte del territorio.

El camino, después de remontar el mismo tope, es aún más impresionante. Aparecen aquellas infinitas planicies verde brillante que terminan por camuflarse con la infinidad del océano, en un espectáculo tornasolado. Y pensé: parece increíble que en esta altura exista tal llanura, e inmediatamente entendí el porqué de su nombre, La Mesa, tan plana y llana como eso, una mesa. Imposible dejar de pararse y querer, aunque no se quiera, observar el bendito regalo que un atardecer ofrecería desde allí.

El camino de bajada, aunque un poco amplio para permitir el tránsito a vehículos capaces y a choferes audaces, comienza a mostrarse pedregoso. Pero no un pedregoso común; son esas piedras con muchos orificios y caracoles fosilizados que hablan de un mar que hace muchos años las mantenía sumergidas. Imposible no volver a pensar en lo grandioso de la creación y de cómo las aguas fueron separadas de las aguas, y de cómo la tierra emergió en aquel tercer día.

Van quedando los colores tropicales detrás, y lo semidesértico del sur oriental cubano comienza a descubrir la costa y su belleza. El mar, que aquí es más azul que en ningún otro lugar, y el cielo, que parece competir por continuar siendo más azul que el mismo mar, te entran al alma junto al olor de esa brisa salitre que penetra hasta algún lugar del espíritu que solo puede ser tocado por algo tan sublime. Creo que ese día terminé de enamorarme de mi tierra bendita.

Ese día descubrí lo real y maravilloso de mi tierra, como dijo aquel escritor de inspiración. Ese día, Dios y la vida me dieron la lección más maravillosa que he podido recibir, y como si anticiparan que me quedaban escasos días por allí, me dejaron una marca en el corazón que hasta hoy protejo para no olvidarme ni de un solo detalle.

El ser humano anhela lo novedoso y lo extraordinario, y eso está muy bien. Muy repetidamente escuchamos de lo poco que hay por ver o lo precoz de lo novedoso en nuestro barrio. Y yo les pregunto:

- ¿Cuántos de ustedes han subido a La Mesa?
- ¿Cuántos de ustedes de verdad han visto los maravillosos paisajes que gratuitamente La Mesa les puede ofrecer?
- ¿Cuántos habrán nacido y habrán muerto sin siquiera preguntarse cómo será aquello allá arriba?
- ¿Cuántos de ustedes no han dado gracias a esa montaña por desviar o debilitar un huracán?
- ¿Cuántos han estado esperando la guagua o cualquier transporte para Maisí o Baracoa y al amanecer, ha sido La Mesa la primera en decirles buenos días?
- ¿Cuántos habrán llorado mirando su inmensa figura y aun así no se han atrevido a ir y conocer sus entrañas?

• ¿Cuántos, como yo, extrañan esa familiar imagen?

Hay tantas cosas hermosas que aún debemos descubrir en nuestro pueblo. Hay tantas cosas que creemos son comunes y ni siquiera nosotros las conocemos. Es preciso que nos enamoremos de lo nuestro.

Es necesario e imperioso que aprendamos a valorar, admirar, presumir y conservar nuestras cosas para que el mundo conozca que somos dichosos no solo por los ríos y las frutas, por nuestra cultura y nuestra gente, sino también porque tenemos lugares preciosos que el mundo quedaría de rodillas frente a su hermosura. Que tenemos la exclusividad de ser nosotros los que mostremos nuestros valores identitarios y de ser nosotros los primeros en conocer a nuestra vieja montaña.

Es tan sencillo poner en una mochila una cuerda, unas botellas de agua y un pedazo de cualquier vianda con manteca o un pedazo de pan con aceite e ir a aventurarse en aquellos paisajes con una guitarra y ganas de sentir la vida. Cuando por fin conectes con aquello allá arriba, te darás cuenta de que poco importó si fue pan o carne lo que llevabas en tu mochila; lo único que te va a importar será todo aquello que entonces tendrás dentro de ti, de todos los recuerdos que habrás creado y todo lo que tus ojos habrán visto.

Cuando regreses a casa, jamás volverás a mirar hacia aquella montaña quieta y serena de la misma manera. Cuando la mires, por dentro vas a sonreír y pensarás en aquel día en que rompiste la rutina y la monotonía de una forma tan sencilla que te parecerá increíble; y ahí sí, te será imposible dejar de sonreír por fuera.

Ve y recuerda estas palabras, y si llegas a sentir lo mismo que yo, o al menos algo parecido, comparte esa experiencia con los tuyos, en tus redes sociales, en tus escuelas, en tu trabajo y conmigo. Me harías tan feliz al dejarme saber que también te has enamorado de nuestra tierra, y comprenderé que no es algo dentro de mí producido por la añoranza, la distancia o la ausencia.

Sabré entonces que es algo real, que se siente carnalmente; sabré entonces que no es simplemente algo, sino que es el espíritu de nuestra tierra.

Un día, lo sé, será tan popular ese recorrido y sus senderos que muchos sentirán la vergüenza de ver foráneos llegar a visitar aquel lugar y tener que decir, o más cobardemente pensar, que aún no conocen La Mesa, la madre guardiana de La Tinta de Jauco.

Acontecimientos históricos

El Combate de Cagüeyva

Por aquellos días, el jefe de las fuerzas rebeldes de la región de Baracoa realizó un amplio recorrido por la zona de la costa norte del territorio. A su regreso al campamento de Vega del Jobo, se encontró con que había llegado el comandante Félix Pena, quien lo esperaba en unión de varios oficiales de la Columna, entre ellos José Sandino Rodríguez, Arístides Macías, Rafael Riquelme Maceo y otros.

Después de intercambiar impresiones con Zapata sobre la situación particular de la zona asignada a la Compañía, acordaron llevar a cabo el ataque a los guardias que hacían los relevos en el aeropuerto de Sabanilla. Además, para aprovechar el tiempo, realizarían varias acciones armadas contra las elecciones fraudulentas que proponía realizar el sanguinario régimen de Batista el 3 de noviembre de 1995. También era necesario obtener armas y municiones que fortalecieran a las tropas rebeldes.

Pena acordó comenzar el 3 de noviembre con el ataque al puesto de la Guardia Rural de Jauco. Para ello, asignó al sargento José Luis Matos Matos la tarea de averiguar la cantidad de soldados que allí había. De igual forma, envió una nota al jefe de la Compañía E, capitán José Arias Sotomayor, solicitando su presencia en Baracoa, acompañado de varios combatientes con sus armas.

Ese día dio tiempo a que llegara el refuerzo. El comandante Pena, Zapata y unos treinta combatientes se dirigieron a Jauco en vehículos desde el campamento hasta Veguita del Sur. Dejaron los jeeps en la casa de Virgilio Alba y continuaron a pie, internándose en los montes, por las Lomas del Cedro y luego por la de Juan Lango.

Pena ordenó realizar una exploración del camino; para ello, mandó una patrulla integrada por el sargento Emigdio Reloba García y los soldados Mario Augusto Ávila Guzmán, Cipriano Leyva Matos y Escofé Gámez. Mientras tanto, el resto de la tropa continuó hacia La Tinta y llegó a las inmediaciones de Jauco.

Amanecieron en la parte superior de la loma y escucharon varios disparos. Zapata mandó detenerse, casi seguro de que habían caído en una emboscada, y se dirigió a verificar lo sucedido junto con Luis Matos Leyva, quien había regresado de la exploración, y con Elio Rey Conde, Raulice Frómeta Carcassés, Argeo Hernández Durand y Carlos Machado. Bajaron la loma hasta La Cagüeyva.

Desde un campo de yuca al sur del río, que corría paralelo al camino, observaron a través de los árboles a una joven conversando con un soldado de la tiranía y al sargento Reloba subiendo la loma. Zapata cogió en sus manos dos piedras que, al chocarlas, emitían un sonido que era la contraseña más generalizada entre los rebeldes para ciertos momentos en los que no se debía hablar.

Reloba oyó el sonido y fue hasta donde se encontraban sus compañeros. Explicó que habían caído en una emboscada y creía que a los demás rebeldes los habían matado, y afirmó que no había podido apreciar si los guardias eran muchos o pocos.

Salieron por el camino de La Cagüeyva a La Tinta, cruzaron el río y, en la curva frente a la casa de Mario Ortega, Raulice y Matos obstaculizaron la vía con una traviesa que había en el lugar. Allí se quedaron tres combatientes acostados, mientras que los otros se posicionaron más a la derecha, en paralelo al camino, detrás de una cerca de piña de ratón. Escucharon el ruido de un camión que venía del poblado de La Tinta por la retaguardia.

En ese momento llegó la joven y negó haber visto soldados; se le indicó que se pusiera detrás de un muro de la casa de Ortega para protegerse. Los guardias se acercaban, se les oía conversar y reír; traían preso al campesino Teófilo, conocido como Chopo, de más de setenta años, a quien habían obligado a cargar un saco con dos minas y varios M-26 que Escofé llevaba en las ancas del caballo, el cual soltó y los guardias capturaron. La carga era muy pesada, y el anciano se quejaba; los guardias le pegaron y lo arreaban como si fuera una bestia, lo que provocaba risas y carcajadas entre ellos.

Eran cinco soldados. De los tres que llegaron primero a la emboscada, dos cayeron muertos y uno resultó herido; los otros dos corrieron por un potrero. Se incautaron tres fusiles, trescientas cinco balas y cuatro cananas.

El herido, de apellido Figueredo, natural de Manzanillo, tenía un muslo destrozado y se encontraba en mal estado. El sol empezaba a afectarle, y cerca había un árbol, así que lo cargaron y lo pusieron a la sombra. Figueredo se asustó y dijo: «¡No me maten; tengo una hijita a la que todavía no conozco!». El capitán Zapata le respondió: «Nosotros no matamos prisioneros y a los heridos, menos. Levanta la pierna, que estás sangrando mucho; ya vienen a curarte».

Llegó Mariano Ramírez (padre), hombre con mucha experiencia, y lo curó. El comandante Pena llamó a unos vecinos y les dijo: «Atiendan a los muertos; si los vienen a buscar, les entregan los cadáveres, si no, por la tarde ustedes los entierran en el cementerio de La Tinta».

Pena envió un informe al comandante Raúl Castro Ruz sobre la incursión realizada en Boca de Jauco, en el que refiere:

[...] Hoy retornamos a Boca de Jauco; como consecuencia de la incursión trajimos tres fusiles Springfield con

trescientas cinco balas, y le ocasionamos al enemigo dos muertos y un herido, que se llama Gerardo Figueredo Durand. Los muertos son los otros dos, y sus carnés van ahí para nuestro archivo.

El informe del comandante Pena a Raúl detallaba la incursión en Boca de Jauco. Los rebeldes se dirigieron luego al poblado de La Tinta y hablaron con el comerciante Efraín del Río, a quien le solicitaron que llevara al herido a la Tenencia de Gran Tierra. Este lo entregó al teniente Manuel Blanco Matos. Posteriormente, se dirigieron a Baracoa, llegando al anochecer, donde encontraron al capitán José Arias Sotomayor con el refuerzo.

Después de descansar un rato y comer, bajaron de Palo Gordo a la curva de Guamá. El comandante analizó el lugar y decidió cómo situar a la tropa. Ordenó minar el terreno y subordinar el pelotón 4 de Mario Augusto Ávila Guzmán al primer teniente José Quintín Sandino Rodríguez, quien partió para hostigar el aeropuerto.

Mario Ávila Guzmán, quien había sido sanitario desde el inicio de su incorporación, fue designado para asistir al doctor Cervantes en el puesto médico. Así quedó todo preparado para lo que sería el combate del 4 de noviembre en Guamá, Baracoa.

En la mañana del primero de noviembre, en el campamento del Jobo, Zapata me planteó salir al mediodía hacia El Gallego para coordinar con Manuel Blanco Matos el recorrido hasta Boca de Jauco y ubicar la posición de los guardias y sus movimientos en el cuartel. Partí alrededor de las dos de la tarde, cruzando las lomas de la Farola y El Cedro, y llegué a la casa de Antonio Matos en la madrugada del día 2. El Negro y yo cumplimos la misión. Al regresar a El Gallego, encontré a las tropas acampadas allí e informé al jefe.

Ese mismo día, salimos en horas de la tarde en dirección al poblado de La Tinta. Al llegar a la casa de Antonio Matos, en La Palma, se mandó a preparar comida para la tropa y luego continuamos la marcha durante la noche. Al llegar al alto de la loma de Juan Lango, el comandante Pena y Zapata ordenaron una patrulla de exploración al mando de Emigdio Reloba García e integrada por Mario Augusto Ávila Guzmán, Escofé Gómez y Cipriano Leyva Matos.

En el llano de La Cagüeyva fuimos sorprendidos por los guardias. Desde este lugar se escuchó el tiroteo y rápidamente avanzamos en esa dirección; al llegar al final de la loma, hicimos un alto en la marcha para observar los movimientos del enemigo.

El 3 de noviembre, por la mañana, yo estaba de guardia y vi a los soldados regresar hacia La Tinta. De inmediato informé a Zapata sobre la situación. Salimos río abajo con cuatro compañeros más y, al pasar la curva frente a la casa de Mario Ortega, llegamos a la carretera. Zapata y yo colocamos una traviesa y nos situamos en ese punto; Argeo, Raulice y Machado se posicionaron a lo largo de la carretera, detrás de una cerca de piñuelas. A Elio Rey lo mandaron a ocupar la carretera en dirección a La Tinta, para evitar ser sorprendidos por algún refuerzo que pudieran enviar.

Cuando los guardias llegaron a la curva, abrimos fuego y causamos tres bajas: dos muertos y un herido. Se les confiscaron tres fusiles y trescientas cinco balas. Al percatarme de que dos de ellos habían salido corriendo río arriba, les disparé; ellos respondieron, pero no pude alcanzarlos. Uno de los que escapó fue Nene Sánchez.

Al finalizar el combate, nos dirigimos al poblado de La Tinta para esperar el refuerzo y enviar al guardia herido a la Tenencia de Gran Tierra con Efraín del Río; los muertos fueron entregados a los campesinos para que los enterraran. Luego de estar un rato en el lugar y comprobar que el enemigo no llegaba, el comandante Pena ordenó la retirada hacia Baracoa.

La quema de La Tinta de Jauco

La quema de La Tinta de Jauco es uno de los acontecimientos más importantes de nuestra tierra, aunque nunca se ha hablado mucho de ello ni se le ha dado, hasta ahora, el mérito histórico que merece. Aquí se apoyó enormemente al movimiento revolucionario del 26 de julio, se atendieron heridos, se abasteció de recursos al ejército rebelde y se brindó apoyo económico.

La sangre de muchos jauqueros se derramó por la causa revolucionaria, y muchos sacrificios como estos han quedado sepultados en el tiempo. Muchas veces me da la impresión de que todo fue en vano, y que nadie recuerda nada de esto, o que simplemente no se ha recompensado como merecen aquellos que entregaron su vida. La gente de La Tinta siempre ha sido muy dispuesta, humilde y entregada. Creo que son estas cualidades y el desconocimiento de la historia local las causas que han hecho que se nos valore tan poco en tantos aspectos.

Este barrio, al igual que Bayamo en la guerra de los Diez Años o Sabana en la guerra del 95, también sufrió el fuego y la destrucción como resultado de su simpatía por la causa de Fidel Castro y la revolución del centenario.

Cuenta la historia que el 4 de abril de 1958, cuando los guardias del entonces presidente de Cuba, Fulgencio Batista, prendieron fuego a La Tinta al enterarse del apoyo del pueblo hacia el movimiento del 26 de julio, «cogió candela todo», como aquí decimos. Se escuchaban las explosiones de los tanques de combustible, el crujir de los cristales de las vidrieras consumidas por el fuego, y un olor a desastre que contaminó la paz del lugar.

La guardia rural y otros soldados llegaron al pueblo y el primero que buscaron fue al distinguido señor Efraín del Río, quien apoyaba fervorosamente la causa revolucionaria. Fue uno de los que más posesiones perdió en el fuego. No lo mataron, ya sea por misericordia o respeto, pero sí le dieron unos golpes. Al menos eso cuentan los que vivieron esa época, o más bien, los que podían contarlo.

Comenzaron con la tienda de Efraín y, de ahí en adelante, destruyeron todo lo que se les cruzaba en el camino. La cruz que estaba en su sitio fue retirada por uno de los soldados para que no se quemara, y la guardó. El incendio llegó hasta lo que hoy es la casa de Ramona Matos, unos metros más abajo del policlínico.

Mi abuela Nena siempre me hablaba de aquel día. Yo, insaciable, no dejaba de preguntar detalles. Un día me dijo: «Ven a ver un testigo de aquello». Me condujo hasta el alargado portal de la casa donde se encontraba su máquina de coser, una máquina marca Singer, con un mueble de madera oscura bien incrustada en una armadura de hierro. Me parece estar viéndola ahora mismo.

«Mira —me dijo—, antes no era como ahora. Antes, una máquina de coser era un equipo valiosísimo que no cualquiera podía tener, y quien la tenía la cuidaba mucho. Cuando empezaron a escucharse los disparos y la algarabía de la gente, diciendo que estaban incendiando el pueblo, rápidamente corrí, y tu abuelo Rolando me ayudó a enterrar la máquina, la radio y otros objetos de valor que teníamos en la casa, para no correr el riesgo de perderlos en caso de que también quemaran nuestra casa. Nosotros éramos los responsables del correo, y aquí teníamos la oficina con los registros y toda la información».

Desembarco de Limbano Sánchez por Punta Caleta

El arribo de Limbano Sánchez en dos botes a costas cubanas, por Punta de Caleta, costa sur de Jauco, actual municipio de Maisí, y del brigadier Ramón González, por Punta Negra, al este, se produjo el 25 de mayo de 1885.

En tierra, comenzaron a desplazarse por la costa hacia el oeste, cerca de Boca de Jauco, donde cayeron en una emboscada española y se dispersaron sin rumbo fijo. Así comenzó una angustiosa búsqueda por parte de ambos grupos, que se reencontraron al caer la tarde en el camino hacia los montes de La Atención, una zona intrincada de la región.

En la mañana del 26, la situación de Limbano se complicó por la llegada a la zona de una poderosa columna española, que incluía las tres armas. Inmediatamente se inició una persecución sin tregua que duró hasta septiembre del mismo año. La fuerza enemiga estaba comandada por el general José de los Santos Pérez, jefe militar de la Plaza de Guantánamo, quien trazó como estrategia el fraccionamiento de la columna, la captura y conducción de los mambises a Baracoa, y en caso necesario, asesinarlos.

El grupo guerrillero se desplazó trabajosamente debido a los heridos del primer encuentro. Numerosos fueron los combates en los montes de La Atención y La Cuchilla de Veguita, pero las fuerzas del general Pérez Ruiz no les dieron tregua. El destino de quienes cayeron en manos del enemigo fue el fusilamiento, la prisión y la deportación. Limbano Sánchez y su amigo Mongo González, acosados por los españoles, lograron atravesar el territorio norte de Guantánamo y Yateras, escondiéndose en Mayarí, en la cueva del Mogote. Algunos historiadores refieren que se refugiaron en Cayo Rey.

Algunas historias apuntan que fueron delatados por un compadre de Limbano, quien lo vendió al comandante general de la provincia. El traidor y un oficial español los asesinaron el 27 de septiembre de 1885, mientras dormían.

Expedición del vapor Laurada en Caleta

Tras un viaje sin grandes incidencias, en las primeras horas de la madrugada del 28 de octubre de 1895, el vapor *Laurada*, conducido por el práctico Severino Urgellés, arribó a Caleta, una pequeña ensenada de la costa sur de Maisí, distante pocas millas del faro.

Con rapidez, Carlos Manuel de Céspedes y Quesada (hijo) dispuso el desembarco de la expedición en cuatro botes: el primero, tripulado por el teniente Enrique Molina con siete hombres a bordo; el segundo, por el capitán José López con nueve; el tercero, por el coronel Carlos E. Aguirre Valdés; y el cuarto, al mando del propio Céspedes, quien se hizo cargo del timón, con siete hombres.

La expedición es considerada como uno de los hechos más relevantes ocurridos en el período, por el momento histórico en que tuvo lugar, ya que aportó un importante material de guerra al Ejército Libertador de Cuba.

Alzamiento de los Jauqueros

Es importante recalcar el apoyo de los jauqueros a las guerras de independencia, principalmente a la guerra del 95. El alzamiento de los jauqueros, como lo he nombrado yo, fue una importante muestra del respaldo de esta tierra a las luchas de liberación. Aquí se alzaron en armas contra España un grupo aproximado de 65 hombres, entre ellos los oficiales: el capitán Miguel Ortega Garrido, el capitán Francisco Borges, Alfredo Antonio Álvaro y el cabo Luis Matos, más conocido por Luisón.

Al conocer del desembarco de Antonio Maceo y Flor Crombet por la playa de Duaba, en Baracoa, los complotados se dirigieron a la zona para ponerse en contacto con los expedicionarios e incorporarse a la contienda bajo las órdenes de Maceo, y en el lugar conocido como Baquíen, entre los ríos Duaba y Toa, se produjo el encuentro.

Epílogo

Cuando llegues hasta aquí, hasta el final de este libro, te darás cuenta de que más que leer, habrás hecho un viaje por tu infancia, por lugares, por momentos, situaciones tristes o alegres y por recuerdos inolvidables.

Tal vez no porque los mencioné, sino porque te hicieron recordar algo en tu vida que es único, y junto a ese recuerdo llegaron otros, seguidos de otros y otros. Ese es mi objetivo con este libro: despertar eso que llevas dentro, eso que te distingue, eso que no puedes apagar por más lejos que vayas o por más que quieras disimularlo.

También te habrás dado cuenta de que me incluyo, que digo «aquí en La Tinta», que digo «nosotros» porque siento que estoy en La Tinta, aun cuando en este momento estoy escribiendo estas palabras a miles de kilómetros; mi alma está en La Tinta. Por eso escribo así, de lo que soy, de lo que siento, de lo que me identifica y de lo que llevo dentro.

Por eso te escribo cada detalle como lo viví y como lo has vivido tú, porque eso es lo que somos. No necesito inventar o hacer una investigación exhaustiva a la hora de hablar del sentimiento que representa sentirse tintero o jauquero. Estoy muy orgulloso de la tierra que me vio nacer, estoy muy orgulloso de mis tradiciones, de mi gente, de mi historia, de mis situaciones, tanto las positivas como las negativas; de todas me siento orgulloso porque todas son mías, diferentes a las del mundo.

Por eso, a ti que tienes este libro en la mano, tú que has llegado hasta aquí, tú que has reído con estas letras, que has llorado y que tal vez te hayas molestado o no hayas estado de acuerdo con mucho de lo que aquí se ha escrito, a ti que has tenido algún sentimiento provocado por este libro, te pido que defiendas lo que llevas en la sangre, que sientas orgullo de lo que eres y de dónde vienes.

No importa que te vayas, está bien soñar, está bien mejorar de vida, está bien escalar niveles; todo eso está muy bien, pero nunca olvides dónde dejaste tus raíces. No las olvides, de lo contrario jamás podrás florecer en ningún lugar del universo; tu alma jamás va a olvidar el lugar donde fue más feliz, y para todos los que hemos nacido aquí, ese lugar es La Tinta de Jauco.

Podrás visitar cuantos lugares quieras, pero como este hueco rodeado de montañas y bendecido con ríos, cañadones y manantiales, no vas a encontrar. Podrás comer en los mejores restaurantes del mundo, pero el sabor de la comida de tu madre o tu abuela, ese chilindrón de chivo o carnero cocinado en un caldero y en un fogón con leña, el potaje en el almuerzo, jamás saldrán de tu paladar.

Podrás probar las bebidas más finas y deliciosas, pero el sabor del café con el que comenzaste o comienzas el día, en el que mojaste el pan o las galletas, tampoco podrás olvidarlo. No importa cuántos perfumes o fragancias te pongas, de qué casa de modas o de qué diseñador sean, el aroma de los ríos de aquí jamás te lo podrás quitar, porque ese lo llevas en ti.

No importa donde vayas: viaja, conoce el mundo, vive nuevas experiencias, tropieza, levántate por ahí, sé cómo quieres ser y donde quieras estar, pero regresa, o al menos no te olvides, y mucho menos te avergüences.

Tú eres hijo o hija de un lugar maravilloso, donde aprendimos a nadar sin ir a escuelas de natación, donde aprendimos a montar a caballo sin pagar un profesor de equitación, donde aprendimos a tocar la guitarra, las maracas o el bongó sin necesidad de ir a una escuela de música, donde pilamos café, donde nos rodamos en yagua, donde desayunamos con pan de boniato o pan de maíz, donde rallábamos guineo para hacer guanimo, o el coco para hacer turrones y atol de boniato.

Fue aquí, en algún lugar especial y de manos de algún maestro, donde escribiste por primera vez «mamá» o «papá», aquí aprendiste a leer y con un componedor empezaste a introducirte en el mundo de la comunicación. Fue aquí donde amaste primero, donde peleaste primero, donde odiaste, donde mentiste; fue aquí donde tú fuiste primero. Es imposible olvidar lo que somos, es imposible menguar el espíritu que nos distingue, es imposible que intentes cambiar tu forma de hablar.

¿Qué importa que te digan que hablas cantando, que entonas las palabras? Qué importa, eso eres tú, disfrútalo, vívelo, siéntelo, porque eres diferente, no inferior. Eres un tintero guataquiclaro o como sea, pero eso eres: un guajiro montuno, un criollo, un cubano de pura cepa.

Uno que tiene como vecinos a médicos, artistas, ingenieros, abogados, jueces, enfermeras, escritores, periodistas, maestros, carpinteros habilidosos, costureras prominentes, campesinos que con orgullo hacen producir la tierra, y de toda clase de profesión que hay en el mundo, porque en La Tinta de Jauco sobra el talento.

Tantos no podemos estar equivocados, y cuando digo tantos, me refiero a todos los que esperan en el año un tiempo determinado para venir por ese río de Boca de Jauco rompiendo piedras, o en la guagua de Maisí y Baracoa, o de cualquier forma, a reencontrarse con quienes hayan dejado aquí.

Y no es solo un reencuentro con mamá, papá, con los hermanos o los amigos, es algo que va más allá, algo que solo lo puede describir el lenguaje de lo inexplicable. Es un reencuentro con el alma, nuestra alma, la que se queda aquí cuando nos vamos, esa que no podemos empacar ni hacer mudar, esa a la que no se le puede mentir ni obligar a que disimule que todo está bien.

Solo los que se van y no regresan son los que han tenido el coraje y el valor descomunal de arrancar esa alma de raíz, de privarla de su esencia, sabiendo que fue aquí donde su corazón dio los mejores latidos, y eso no lo puede negar nadie.

Para todos ustedes, para todos los jauqueros o tinteros dondequiera que se encuentren, de la edad que sean, de la generación a la que pertenezcan, de la religión o la forma que sean, les doy muchas gracias por leer, gracias por llegar hasta aquí, porque si es así, eres un eterno enamorado o enamorada de todo esto. Gracias porque entiendes y porque sientes, gracias por tu apoyo y gracias por tu fe.

Gracias a todos por ser parte de la historia y la evolución de este lugar, a los primeros y a los últimos, a los que no están y a los que todavía estamos y a los que llegarán. A todos, felicidades porque podemos presumir el orgullo de decir «Soy de La Tinta de Jauco» o «mi familia es de La Tinta de Jauco».

Y cuando decimos así, no estamos hablando de cualquier cosa.

Un abrazo del alma,

Yunior

Bibliografía

Cabrera, R. (1901). *Cuba y América. Revista Mensual Ilustrada* (Vol. VII).

Cadenia Watiois, C. (s. f.). *Christo Cadenia Watiois in Bought from the Fund for a Professorship of Latin American History and Economics* (de la biblioteca de José Augusto Escoto, Matanzas, Cuba).

Colectivo de autores (s. f.). *El abrazo a una causa.*

Cuba arqueológica (2009). *Revista Cuba arqueológica.*

Dirección de Hidrografía (1863). *Derrotero de las Islas Antillas.*

EcuRed (s.f.). *Sitio EcuRed.* Recuperado de https://www.ecu-red.cu

Harvard College Library (s. f.). *Cuban Collection.*

Montané, L. (s. f.). *Los indios de Cuba* (Libro inédito).

Otros documentos pertenecientes a la familia (s.f.).

República de Cuba (1937). *Boletín de minas de la República de Cuba.*

Road Notes Cuba (1909).

Rousset, R. V. (1918). *Historial de Cuba.* Primera edición. Tomo tercero.

Universidad de Miami (s. f.). *Documentos y archivos guardados.*

Sobre el autor

Yunior Oscar Guilarte Rodríguez es un joven cubano de 30 años, radicado en Miami, Estados Unidos, nacido el 10 de septiembre de 1993 en La Tinta de Jauco, un pequeño pueblo de Maisí, el extremo montañoso más oriental de Cuba. Escritor, periodista, comunicador y graduado en la carrera de Turismo, ha vivido siempre caracterizado e identificado por un espíritu investigativo, curioso y muy arrojado, que le ha provisto de las herramientas necesarias para armarse frente a un mundo de oportunidades que ha sabido explotar con estudio constante.

Su crianza, muy bien marcada por la influencia rural de su pueblo natal, La Tinta de Jauco, le estampó un notable amor por la naturaleza y un respeto profundo a las costumbres y tradiciones que definieron su personalidad, que, a decir de él mismo, la define como efusiva, espiritual y muy humilde.

Y es tan así que de su genio recibimos esta obra *Mi Jauco y su Tinta*, su primer libro y un vivo retrato de él mismo. Con visible orgullo muestra el origen de donde ha venido y la particularidad de tradiciones y costumbres que se matizan con lo singular de historias únicas y tan atractivas que obligan a leer el viaje que nos ofrece a través de su forma de escribir.

Una parte de Cuba tan bella como Cuba misma es este libro, que resume el día a día de las personas que habitan el paraíso de La Tinta de Jauco y sus paisajes, un remanente de conocimientos para quienes buscan estudiar y aprender de la vida diaria de los dueños de las campiñas cubanas, dueños además de un hermoso mundo poco explorado de saberes y herencias que parecen pura fantasía y ficción.

Descubre cuánto hay por descubrir y embárcate entre estas páginas, después de leerlas verás cuán diferente es el mundo.

Con la humildad de mis raíces nací, crecí, alcé mis ramas con
fuerza y, en su tiempo, di frutos.

Lecturas recomendadas

Origen y desarrollo del pueblo de Yanaca
(Jesús Conde Gómez)

Historia del pueblo Garzón, departamento de Maldonado
(Nuber Lazo)

1492. Verdades sobre el descubrimiento
(Francisco J. Bonnemaison)

El renacimiento de Huehuetán, Guerrero
(Edwin Rentería Zacapala)